Smaki Hiszpanii

Kulinarna Podróż przez Krainę Słońca i Pasji

Marta Rodriguez

Treść

CORDOBAN SALMOREJO 24
    SKŁADNIKI 24
    ROZWÓJ 24
    SZTUCZKA 24

ZUPA CEBULOWA 25
    SKŁADNIKI 25
    ROZWÓJ 25
    SZTUCZKA 25

MINISTER 26
    SKŁADNIKI 26
    ROZWÓJ 26
    SZTUCZKA 27

CIASTECZKA HOMUSOWE 28
    SKŁADNIKI 28
    ROZWÓJ 28
    SZTUCZKA 29

WARZYWA JEDEN KOŁK 30
    SKŁADNIKI 30
    ROZWÓJ 30
    SZTUCZKA 31

DOMOWA BRZYTELKA 32
    SKŁADNIKI 32

ROZWÓJ 32

SZTUCZKA 32

Ciasto z Cukinią i Łososiem 33

    SKŁADNIKI 33

    ROZWÓJ 33

    SZTUCZKA 34

karczoch z grzybami i parmezanem 35

    SKŁADNIKI 35

    ROZWÓJ 35

    SZTUCZKA 36

MARYNOWANE BAKŁAŻONY 37

    SKŁADNIKI 37

    ROZWÓJ 37

    SZTUCZKA 38

FASOLA Z SZYNKĄ SERRANA 39

    SKŁADNIKI 39

    ROZWÓJ 39

    SZTUCZKA 39

TRINXAT 40

    SKŁADNIKI 40

    ROZWÓJ 40

    SZTUCZKA 40

TRUTE BROKUŁY Z SOSEM SLANCA I AURORA 41

    SKŁADNIKI 41

    ROZWÓJ 41

    SZTUCZKA 41

KARTY Z KREWETKAMI I MUSZKAMI W ZIELONYM SOSIE 42

    SKŁADNIKI 42

    ROZWÓJ 42

    SZTUCZKA 43

KARMELIZOWANA CEBULA 44

    SKŁADNIKI 44

    ROZWÓJ 44

    SZTUCZKA 44

GRZYBY WYPEŁNIONE PROSCIMENTEM SERRANO I SOSEM PESTO 45

    SKŁADNIKI 45

    ROZWÓJ 45

    SZTUCZKA 45

CAULIBUID Z STUROI 46

    SKŁADNIKI 46

    ROZWÓJ 46

    SZTUCZKA 46

Tarty kalafior 47

    SKŁADNIKI 47

    ROZWÓJ 47

    SZTUCZKA 47

DUXELLE 48

    SKŁADNIKI 48

    ROZWÓJ 48

    SZTUCZKA 48

ENDIVIA Z WĘDZONYM ŁOSOSIEM I KABRALAMI 49

SKŁADNIKI 49

ROZWÓJ 49

SZTUCZKA 49

Lombard SEGOV 50

SKŁADNIKI 50

ROZWÓJ 50

SZTUCZKA 51

SAŁATKA Z SMAŻONEJ PAPRYKI 52

SKŁADNIKI 52

ROZWÓJ 52

SZTUCZKA 53

GROSZ FRANCUSKI 54

SKŁADNIKI 54

ROZWÓJ 54

SZTUCZKA 55

KREM SZpinakowy 56

SKŁADNIKI 56

ROZWÓJ 56

SZTUCZKA 57

FASOLA Z BIAŁĄ KIEŁBASĄ 58

SKŁADNIKI 58

ROZWÓJ 58

SZTUCZKA 58

FASOLA Z SZYNKĄ 59

SKŁADNIKI 59

ROZWÓJ 59

SZTUCZKA 59
JEDZENIE JAGNIĘCIA 61
    SKŁADNIKI 61
    ROZWÓJ 61
    SZTUCZKA 62
Bakłażan MILEFEUILLE Z KOZIM SEREM, MIODEM I CURRY 63
    SKŁADNIKI 63
    ROZWÓJ 63
    SZTUCZKA 63
ZRÓB BIAŁE SZPARAGI I WĘDZONEGO ŁOSOSA 65
    SKŁADNIKI 65
    ROZWÓJ 65
    SZTUCZKA 65
Papryczki PIQUILLO NADZIEWANE SOSEM Z SOSEM SŁODKO-MUSZTARDOWYM 66
    SKŁADNIKI 66
    ROZWÓJ 66
    SZTUCZKA 66
BODAKI Z SOSEM MIGDAŁOWYM 68
    SKŁADNIKI 68
    ROZWÓJ 68
    SZTUCZKA 69
PAS STARTOWY 70
    SKŁADNIKI 70
    ROZWÓJ 70
    SZTUCZKA 71

PORY Z OCTEM ROŚLINNYM 72
    SKŁADNIKI 72
    ROZWÓJ 72
    SZTUCZKA 72

KUCHNIA Z PORÓW, SŁONECZNIKÓW I SERÓW 74
    SKŁADNIKI 74
    ROZWÓJ 74
    SZTUCZKA 75

POMIDORY POCHODZENIA 76
    SKŁADNIKI 76
    ROZWÓJ 76
    SZTUCZKA 77

Faszerowana Cebula 78
    SKŁADNIKI 78
    ROZWÓJ 78
    SZTUCZKA 78

KREM GRZYBOWY Z ORZECHAMI 80
    SKŁADNIKI 80
    ROZWÓJ 80
    SZTUCZKA 80

POCHODNIA Z POMIDORÓW I BAZYLII 81
    SKŁADNIKI 81
    ROZWÓJ 81
    SZTUCZKA 81

CZEKOLADA ZIEMNIACZANA Z CURRY Z KURCZAKIEM 83
    SKŁADNIKI 83

ROZWÓJ 83

SZTUCZKA 84

MIĘKKIE JAJKA 85

SKŁADNIKI 85

ROZWÓJ 85

SZTUCZKA 85

ZIEMNIAKI NA ZROZUMIENIE 86

SKŁADNIKI 86

ROZWÓJ 86

SZTUCZKA 87

Jajecznica z rukolą 88

SKŁADNIKI 88

ROZWÓJ 88

SZTUCZKA 89

ZIEMNIAK I BIAŁA RĘKA 90

SKŁADNIKI 90

ROZWÓJ 90

SZTUCZKA 91

OMLETTY DO GOTOWANIA (ROPA VIEJA) 92

SKŁADNIKI 92

ROZWÓJ 92

SZTUCZKA 93

ZIEMNIAKI NADZIEWANE ŁOSOSEM WĘDZONYM, Boczkiem i Bakłażanem 93

SKŁADNIKI 93

ROZWÓJ 93

SZTUCZKA 94
SZYDEŁKA Z ZIEMNIAKÓW I SERÓW 94
    SKŁADNIKI 94
    ROZWÓJ 94
    SZTUCZKA 95
DOBRE KARTY 96
    SKŁADNIKI 96
    ROZWÓJ 96
    SZTUCZKA 96
JAJKA FLORENCJA 97
    SKŁADNIKI 97
    ROZWÓJ 97
    SZTUCZKA 97
PIEC ZIEMNIAKI Z PASZTEM I KREWETKAMI 99
    SKŁADNIKI 99
    ROZWÓJ 99
    SZTUCZKA 100
JAJKA W STYLU FLAMENCO 101
    SKŁADNIKI 101
    ROZWÓJ 101
    SZTUCZKA 101
TORTILLA PAISANA 102
    SKŁADNIKI 102
    ROZWÓJ 102
    SZTUCZKA 103
JAJKA PIECZONE Z KIEŁBASĄ I MUSZTARDĄ 104

SKŁADNIKI	104
ROZWÓJ	104
SZTUCZKA	104
OMLET ZIEMNIAKA W SOSIE	105
SKŁADNIKI	105
ROZWÓJ	105
SZTUCZKA	106
PURUSALD	107
SKŁADNIKI	107
ROZWÓJ	107
SZTUCZKA	108
PIECZONE ZIEMNIAKI	109
SKŁADNIKI	109
ROZWÓJ	109
SZTUCZKA	109
JEŻ GRZYBOWY	110
SKŁADNIKI	110
ROZWÓJ	110
SZTUCZKA	110
JAJKA NA TALERZE Z SARDYNKAMI I OLIWKAMI	111
SKŁADNIKI	111
ROZWÓJ	111
SZTUCZKA	112
ZIEMNIAKI W ŚMIEMIE Z SŁONECZNIKIEM I PARMEZANEM	112
SKŁADNIKI	112
ROZWÓJ	112

SZTUCZKA 113
GOTOWANE JAJKA 113
    SKŁADNIKI 113
    ROZWÓJ 113
    SZTUCZKA 113
GUBČAŃSKI ZIEMNIAK 114
    SKŁADNIKI 114
    ROZWÓJ 114
    SZTUCZKA 114
JAJKA PŁASZCZONE Z GRZYBAMI, Krewetkami i Triguerori 115
    SKŁADNIKI 115
    ROZWÓJ 115
    SZTUCZKA 116
SIATKA ZIEMNIACZANA Z CHORIS I ZIELONĄ PAPRYKĄ 117
    SKŁADNIKI 117
    ROZWÓJ 117
    SZTUCZKA 118
BIEDNY ZIEMNIAK 118
    SKŁADNIKI 118
    ROZWÓJ 118
    SZTUCZKA 119
WIELKI KSIĄŻĘ ROZŁAMANE JAJKA 119
    SKŁADNIKI 119
    ROZWÓJ 119
    SZTUCZKA 120
ZIEMNIAKI Z ŻEBERKAMI 121

SKŁADNIKI 121

ROZWÓJ 121

SZTUCZKA 122

JAJKA PIECZONE W PANIE 122

SKŁADNIKI 122

ROZWÓJ 122

SZTUCZKA 123

ZIEMNIAKI Z ORZECHAMI LASKOWYMI 123

SKŁADNIKI 123

ROZWÓJ 123

SZTUCZKA 124

Molletowane jaja 125

SKŁADNIKI 125

ROZWÓJ 125

SZTUCZKA 125

ZIEMNIAKI RIOJANA 126

SKŁADNIKI 126

ROZWÓJ 126

SZTUCZKA 127

ZIEMNIAKI Z FRYTKAMI 127

SKŁADNIKI 127

ROZWÓJ 127

SZTUCZKA 128

USSTROI OMLETTA Z KREWETKAMI 129

SKŁADNIKI 129

ROZWÓJ 129

SZTUCZKA 129
ZIEMNIAKI Z DORSZA 130
    SKŁADNIKI 130
    ROZWÓJ 130
    SZTUCZKA 131
TŁUCZONE ZIEMNIAKI 132
    SKŁADNIKI 132
    ROZWÓJ 132
    SZTUCZKA 132
OMLET FASOLOWY Z MORCILLO 133
    SKŁADNIKI 133
    ROZWÓJ 133
    SZTUCZKA 134
Czosnek Czosnek i Triguerori 135
    SKŁADNIKI 135
    ROZWÓJ 135
    SZTUCZKA 135
ZIEMNIAKI Z NISH 137
    SKŁADNIKI 137
    ROZWÓJ 137
    SZTUCZKA 138
Omlet z grzybami i krewetkami 139
    SKŁADNIKI 139
    ROZWÓJ 139
    SZTUCZKA 139
JAJKA W CIENIU 141

SKŁADNIKI 141

ROZWÓJ 141

SZTUCZKA 141

OMELET Z DYNI I POMIDORÓW 143

SKŁADNIKI 143

ROZWÓJ 143

SZTUCZKA 143

ZIEMNIAKI REVOLCONAS Z TORREZNOSEM 145

SKŁADNIKI 145

ROZWÓJ 145

SZTUCZKA 146

OMLETTA Z GRZYBAMI I PARMEZANEM 147

SKŁADNIKI 147

ROZWÓJ 147

SZTUCZKA 147

SUFTY ZIEMNIACZANE 148

SKŁADNIKI 148

ROZWÓJ 148

SZTUCZKA 148

OMLET 149

SKŁADNIKI 149

ROZWÓJ 149

SZTUCZKA 150

KSIĘŻNA ZIEMNIAK 150

SKŁADNIKI 150

ROZWÓJ 150

SZTUCZKA 151
KUBAŃSKI RYŻ 152
 SKŁADNIKI 152
 ROZWÓJ 152
 SZTUCZKA 152
Zupa ryżowa z muszlami, muszlami i krewetkami 152
 SKŁADNIKI 153
 ROZWÓJ 153
 SZTUCZKA 154
RYŻ KANTONSKI Z KURCZAKIEM 155
 SKŁADNIKI 155
 ROZWÓJ 155
 SZTUCZKA 156
RYŻ W PRZYPADKU 157
 SKŁADNIKI 157
 ROZWÓJ 157
 SZTUCZKA 158
RYŻ Z KATALONII 159
 SKŁADNIKI 159
 ROZWÓJ 160
 SZTUCZKA 160
Zupa ryżowa z białą fasolą i szwajcarską 161
 SKŁADNIKI 161
 ROZWÓJ 161
 SZTUCZKA 162
RYŻ ZE ŚWIEŻYM TUŃCZYKIEM 163

SKŁADNIKI 163

ROZWÓJ 163

SZTUCZKA 164

RYŻ Z KURCZAKIEM, BEKONEM, MIGDAŁAMI I RODZINKAMI .165

SKŁADNIKI 165

ROZWÓJ 165

SZTUCZKA 166

RYŻ Z DORSZA I BIAŁĄ FASOLĄ 167

SKŁADNIKI 167

ROZWÓJ 167

SZTUCZKA 168

RYŻ Z HOMUSEM 169

SKŁADNIKI 169

ROZWÓJ 169

SZTUCZKA 170

Ryż grecki 171

SKŁADNIKI 171

ROZWÓJ 171

SZTUCZKA 172

CHLEB RYŻOWY 173

SKŁADNIKI 173

ROZWÓJ 173

SZTUCZKA 174

Szalony ryż z owocami morza 175

SKŁADNIKI 175

ROZWÓJ 175

SZTUCZKA 176
RYŻ TRZY SŁODYCZE 177
    SKŁADNIKI 177
    ROZWÓJ 177
    SZTUCZKA 178
RYŻ MEDIOLANSKI Z PANCHICEM 179
    SKŁADNIKI 179
    ROZWÓJ 179
    SZTUCZKA 180
RISOTT ZE SZPARAGAMI I ŁOSOSEM 181
    SKŁADNIKI 181
    ROZWÓJ 181
    SZTUCZKA 182
RYŻ Z MIĘSEM, ciecierzycą i szpinakiem 183
    SKŁADNIKI 183
    ROZWÓJ 183
    SZTUCZKA 184
RYŻ LUB CALDEIRO 185
    SKŁADNIKI 185
    ROZWÓJ 185
    SZTUCZKA 186
CZARNY RYŻ Z KALARMARKĄ 187
    SKŁADNIKI 187
    ROZWÓJ 187
    SZTUCZKA 188
PILAWA RYŻOWA 189

SKŁADNIKI 189

ROZWÓJ 189

SZTUCZKA 189

Makaron z ryb i owoców morza 190

SKŁADNIKI 190

ROZWÓJ 190

SZTUCZKA 191

MAKARON PUTANESCA 192

SKŁADNIKI 192

ROZWÓJ 192

SZTUCZKA 193

CANNELLOS Z SZPINAKIEM I KRÓLOWĄ 194

SKŁADNIKI 194

ROZWÓJ 194

SZTUCZKA 195

MORSKA SPAGHETTA 196

SKŁADNIKI 196

ROZWÓJ 196

SZTUCZKA 197

ŚWIEŻY MAKARON LASAGNE FLORENCJA 198

SKŁADNIKI 198

ROZWÓJ 199

SZTUCZKA 200

SPAGHETTI Z SOSEM CARBONARA 201

SKŁADNIKI 201

ROZWÓJ 201

SZTUCZKA 201
CANELLOS MIĘSNE Z BEZAMELEM PIECZARKOWYM 202
- SKŁADNIKI 202
- ROZWÓJ 203
- SZTUCZKA 203

GRUPA KALMARNI I BŁOTA 204
- SKŁADNIKI 204
- ROZWÓJ 205
- SZTUCZKA 205

MIESZANA PAELLA 206
- SKŁADNIKI 206
- ROZWÓJ 207
- SZTUCZKA 207

WARZYWNA LASAGNA Z MIELONYM SEREM I KMINKIEM 208
- SKŁADNIKI 208
- ROZWÓJ 208
- SZTUCZKA 209

TITEI Z JOGURTEM I TUŃCZYKIEM 210
- SKŁADNIKI 210
- ROZWÓJ 210
- SZTUCZKA 210

GNOCCHI ZIEMNIACZANE Z SOSEM Z SEREM PŁASKIM I PISTACJAMI 211
- SKŁADNIKI 211
- ROZWÓJ 211
- SZTUCZKA 212

MAKARON Z ŁOSOSIEM GAZOWANYM 213

    SKŁADNIKI 213

    ROZWÓJ 213

    SZTUCZKA 213

MAKARON Z JURCHEI 214

    SKŁADNIKI 214

    ROZWÓJ 214

    SZTUCZKA 214

GRILLOWANA PIZZA 215

    SKŁADNIKI 215

    ROZWÓJ 216

    SZTUCZKA 217

RISOTT Z BIAŁĄ KIEŁBASZKĄ Z CZERWONYM WINEM I ROGULĄ 218

    SKŁADNIKI 218

    ROZWÓJ 218

    SZTUCZKA 219

MAKARON Z KREWETKAMI, WARZYWAMI I BATONAMI SOJOWYMI 220

    SKŁADNIKI 220

    ROZWÓJ 220

    SZTUCZKA 220

PIECZONE Z MAKARONEM Z KREWETKAMI I KREWETKAMI 221

    SKŁADNIKI 221

    ROZWÓJ 221

    SZTUCZKA 221

TITEI Z WIEPRZOWNĄ HIN W CABRALES 222
    SKŁADNIKI 222
    ROZWÓJ 222
    SZTUCZKA 222
GÓRA STEWARTA 223
    SKŁADNIKI 223
    ROZWÓJ 223
    SZTUCZKA 224

CORDOBAN SALMOREJO

SKŁADNIKI

1 kg pomidorów

200 g chleba

2 ząbki czosnku

Ocet

100 ml oliwy z oliwek

Sól

ROZWÓJ

Wymieszaj wszystko oprócz oleju i octu. Odcedź chińską mieszankę i stopniowo dodawaj olej, nadal ubijając. Doprawić solą i octem.

SZTUCZKA

Usuń środkowe pąki czosnku, aby zapobiec ponownemu wzrostowi.

ZUPA CEBULOWA

SKŁADNIKI

750 g cebuli

100 g masła

50 g startego sera

1 ½ l zupy z kurczaka

1 kromka tostu na osobę

Sól

ROZWÓJ

Na maśle powoli podsmażamy pokrojoną w plasterki cebulę. Przykryj i gotuj przez około 1 godzinę.

Gdy cebula zmięknie, zalej zupę i dodaj sól.

Wlać zupę do osobnych misek, dodać tosty, ser i zapiekankę.

SZTUCZKA

Sukcesem tego przepisu jest czas gotowania cebuli. Można dodać 1 cały ząbek czosnku, 1 gałązkę tymianku i odrobinę białego wina lub brandy.

MINISTER

SKŁADNIKI

150 g pomidorów

100 g gotowanej białej fasoli

100 g boczku

100 g kapusty

50 g marchewki

50 g rzepy

50 g zielonej fasolki

25 g małego makaronu

50 g grochu

3 ząbki czosnku

1 duży por

1 dl oliwy z oliwek

Sól

ROZWÓJ

Warzywa oczyść i pokrój na małe kawałki. Do rozgrzanego garnka dodać olej, pokrojony boczek i smażyć przez 3 minuty. Dodać pokrojone w plasterki pomidory i smażyć, aż stracą wodę.

Zalewamy zupę, doprowadzamy do wrzenia i dodajemy pokrojone warzywa. Gdy zmięknie dodać fasolę i makaron. Gotuj, aż makaron będzie gotowy i dopraw solą.

SZTUCZKA

W wielu częściach Włoch tej pysznej zupie towarzyszy kolacja z dużą łyżką sosu pesto.

CIASTECZKA HOMUSOWE

SKŁADNIKI

1 homar ½ kg

250 g pomidorów

200 g porów

150 g masła

100 g marchewki

100 g cebuli

75 g ryżu

1 ½ l zupy rybnej

¼ litra śmietanki

1 litr brandy

1 ml wina

1 gałązka tymianku

2 liście laurowe

Sól i pieprz

ROZWÓJ

Homara pokroić na kawałki i smażyć na 50 g masła na złoty kolor. Spalić brandy i zmiękczyć winem. Przykryj i gotuj przez 15 minut.

Zarezerwuj mięso z homara. Zmiażdż ich tusze razem z brandy, winem kuchennym i dymem. Przejdź przez chiński i dokonaj rezerwacji.

Na pozostałym maśle podsmaż warzywa pokrojone na małe kawałki (w zależności od twardości). Na koniec dodać pomidory. Zwilżyć zarezerwowanym bulionem, dodać zioła i ryż. Gotuj przez 45 minut. Jest kruszony i przepuszczany przez sito. Wlać śmietanę i gotować kolejne 5 minut.

Krem podajemy razem z pokrojonym w plasterki homarem.

SZTUCZKA

Flambé oznacza spalenie napoju alkoholowego w taki sposób, że znika alkohol, ale nie smak. Ważne jest, aby robić to przy wyłączonej pompie.

WARZYWA JEDEN KOŁK

SKŁADNIKI

150 g szynki serrano pokrojonej w kostkę

150 g zielonej fasolki

150 g kalafiora

150 g grochu

150 g fasoli

2 łyżki mąki

3 karczochy

2 jajka na twardo

2 marchewki

1 cebula

1 ząbek czosnku

1 cytryna

Oliwa z oliwek

Sól

ROZWÓJ

Oczyść karczoch, usuwając zewnętrzne liście i wierzchołki. Gotować we wrzącej wodzie do miękkości z dodatkiem 1 łyżki mąki i soku z cytryny. Odśwież i zarezerwuj.

Obierz marchewki i pokrój je w średnie kawałki. Z fasoli usuń nitki i wierzchołki i pokrój je na 3 części. Z kalafiora odetnij różyczki. Zagotuj wodę i gotuj każde warzywo osobno, aż będzie miękkie. Odśwież i zarezerwuj.

Zmniejsz ilość bulionu warzywnego o połowę (z wyjątkiem karczochów).

Drobno posiekaj cebulę i czosnek. Smażyć 10 minut razem z szynką serrano. Dodajemy kolejną łyżkę mąki i smażymy kolejne 2 minuty. Wlać 150 ml bulionu warzywnego. Wyjmij i gotuj przez 5 minut. Dodaj warzywa i pokrojone na ćwiartki jajka na twardo. Gotuj przez 2 minuty i dopraw solą.

SZTUCZKA

Warzywa należy gotować osobno, ponieważ nie mają tego samego czasu gotowania.

DOMOWA BRZYTELKA

SKŁADNIKI

1¼ kg smogu

750 g ziemniaków

3 ząbki czosnku

2 dl oliwy z oliwek

Sól

ROZWÓJ

Kolbę umyj, a liście pokrój na większe kawałki. Oczyść łodygi i pokrój je w słupki. Liście i łodygi gotuj we wrzącej, osolonej wodzie przez 5 minut. Odśwież, odcedź i odstaw.

Obrane ziemniaki i cacheladę gotuj przez 20 minut w tej samej wodzie. Odcedź i odłóż na bok.

Na oliwie podsmażamy obrany i filetowany czosnek. Dodać łodygi, liście, ziemniaki i smażyć przez 2 minuty. Dostosuj sól.

SZTUCZKA

Liśćmi można nafaszerować szynkę i ser. Następnie są ubijane i smażone.

Ciasto z Cukinią i Łososiem

SKŁADNIKI

400 g cukinii

200 g świeżego łososia (bez kości)

750 ml śmietanki

6 jaj

1 cebula

Oliwa z oliwek

Sól i pieprz

ROZWÓJ

Cebulę drobno posiekać i podsmażyć na odrobinie oleju. Cukinię pokroić w drobną kostkę i dodać do cebuli. Gotować na średnim ogniu przez 10 minut.

Mieszamy, dodajemy ½ l śmietany i 4 jajka, aby uzyskać gładkie ciasto.

Umieszcza się go w poszczególnych modelach, które wcześniej natłuściłam i oprószyłam mąką, i piekłam w temperaturze 170°C w ciepłej wodzie przez około 10 minut.

W międzyczasie na odrobinie oleju lekko podsmaż pokrojonego w kostkę łososia. Doprawić solą i pieprzem, wymieszać z resztą śmietanki i 2 jajkami. Dodaj na górę ciasta dyniowego. Kontynuuj pieczenie przez kolejne 20 minut lub do momentu, aż ciasto dobrze się zetnie.

SZTUCZKA

Podaje się na ciepło z kruszonym majonezem i kilkoma nitkami smażonego szafranu.

karczoch z grzybami i parmezanem

SKŁADNIKI

1 ½ kg karczochów

200 g grzybów

50 g parmezanu

1 kieliszek białego wina

3 duże pomidory

1 cebula dymka

1 cytryna

Oliwa z oliwek

Sól i pieprz

ROZWÓJ

Oczyść karczoch, usuń łodygę, twarde zewnętrzne liście i górę. Pokrój je na ćwiartki i natrzyj cytryną, aby zapobiec brązowieniu. Książka.

Szczypiorek podsmażamy, powoli kroimy na małe kawałki. Zwiększ ogień i dodaj oczyszczone i pokrojone w plasterki grzyby. Gotuj przez 3 minuty. Wlać wino i dodać starte pomidory i karczochy. Przykryj i gotuj przez 10 minut lub do momentu, aż karczochy będą miękkie, a sos zgęstnieje.

Sos wyłóż na talerz i posyp parmezanem.

SZTUCZKA

Innym sposobem zapobiegania brązowieniu karczochów jest namoczenie ich w zimnej wodzie z dużą ilością świeżej pietruszki.

MARYNOWANE BAKŁAŻONY

SKŁADNIKI

2 duże bakłażany

3 łyżki soku z cytryny

3 łyżki posiekanej świeżej natki pietruszki

2 łyżki zmiażdżonego czosnku

1 łyżka mielonego kminku

1 łyżka cynamonu

1 łyżka ostrej papryki

Oliwa z oliwek

Sól

ROZWÓJ

Bakłażana przekrój wzdłuż. Posyp solą i pozostaw na papierze kuchennym na 30 minut. Spłucz dużą ilością wody i odłóż na bok.

Plasterki bakłażana skrop oliwą i solą i piecz przez 25 minut w temperaturze 175°C.

Połącz pozostałe składniki w misce. Do masy wlać bakłażana i wymieszać. Przykryj i wstaw do lodówki na 2 godziny.

SZTUCZKA

Aby bakłażany straciły gorycz, można je również namoczyć w mleku z odrobiną soli na 20 minut.

FASOLA Z SZYNKĄ SERRANA

SKŁADNIKI

1 mała butelka fasoli w oleju

2 ząbki czosnku

4 plastry szynki serrano

1 cebula dymka

2 jajka

Sól i pieprz

ROZWÓJ

Spuścić olej z fasoli na patelnię. Tutaj podsmażamy cebulę pokrojoną w małe kawałki, czosnek pokrojony w małe kawałki i szynkę pokrojoną w cienkie paski. Zwiększ ogień, dodaj fasolkę szparagową i smaż przez 3 minuty.

Osobno ubić jajka i doprawić. Wlać jajka na fasolę i delikatnie wymieszać, nie wyjmując ich.

SZTUCZKA

Do ubitych jajek dodaj odrobinę śmietanki lub mleka, aby były słodsze.

TRINXAT

SKŁADNIKI

1kg kapusty

1 kg ziemniaków

100 g boczku

5 ząbków czosnku

Oliwa z oliwek

Sól

ROZWÓJ

Usuń liście kapusty, umyj je i pokrój w cienkie plasterki. Obierz ziemniaki i pokrój je w ćwiartki. Gotuj wszystko przez 25 minut. Wyjąć i rozgnieść na gorąco widelcem na puree.

Na patelni podsmaż posiekany czosnek i boczek pokrojony w paski. Dodaje się go do poprzedniego ciasta ziemniaczanego i smaży po 3 minuty z każdej strony, jak gdyby był to omlet ziemniaczany.

SZTUCZKA

Kapusta po ugotowaniu musi być dobrze odsączona, w przeciwnym razie trinxat nie będzie się dobrze smażył.

TRUTE BROKUŁY Z SOSEM SLANCA I AURORA

SKŁADNIKI

150 g boczku w paskach

1 duży brokuł

Sos Aurora (patrz rozdział Zupy i Sosy)

Oliwa z oliwek

Sól i pieprz

ROZWÓJ

Na patelni dobrze podsmaż paski boczku i odłóż na bok.

Brokuły podzielić na różyczki i gotować w osolonej wodzie przez 10 minut lub do miękkości. Odcedzić i ułożyć na blasze do pieczenia.

Na brokułach ułóż bekon, następnie sos Aurora i grilluj na złoty kolor w najwyższej temperaturze.

SZTUCZKA

Aby zniwelować zapach brokułów, do wody z gotowania dodaj odrobinę octu.

KARTY Z KREWETKAMI I MUSZKAMI W ZIELONYM SOSIE

SKŁADNIKI

500 g gotowanego kartonu

2 dcl białe wino

2 dl zupy rybnej

2 łyżki posiekanej świeżej natki pietruszki

1 łyżka mąki

20 małży

4 ząbki czosnku

1 cebula

Oliwa z oliwek

Sól

ROZWÓJ

Cebulę i czosnek pokroić na małe kawałki. Smażyć powoli na 2 łyżkach oleju przez 15 minut.

Dodać mąkę i smażyć przez 2 minuty, ciągle mieszając. Zwiększ ogień, wlej wino i poczekaj, aż całkowicie zredukuje się.

Zwilżyć bazą i gotować przez 10 minut na małym ogniu, ciągle mieszając. Dodać natkę pietruszki i doprawić solą.

Dodać wcześniej oczyszczone małże i karczochy. Przykryj i gotuj przez 1 minutę, aż małże się otworzą.

SZTUCZKA

Nie rozgotuj pietruszki, aby nie straciła koloru i nie zrobiła się brązowa.

KARMELIZOWANA CEBULA

SKŁADNIKI

2 duże cebule

2 łyżki cukru

1 łyżeczka octu z Modeny lub Jerez

ROZWÓJ

Przykryj i powoli smaż cebulę pokrojoną w julienne, aż będzie przezroczysta

Przykryj i smaż, aż się zrumieni. Dodać cukier i gotować kolejne 15 minut. Zalać octem i gotować kolejne 5 minut.

SZTUCZKA

Do przygotowania omleta z taką ilością karmelizowanej cebuli potrzeba 800 g ziemniaków i 6 jajek.

GRZYBY WYPEŁNIONE PROSCIMENTEM SERRANO I SOSEM PESTO

SKŁADNIKI

500 g świeżych grzybów

150 g szynki Serrano

1 cebula dymka, drobno posiekana

Sos pesto (patrz rozdział Zupy i sosy)

ROZWÓJ

Drobno posiekaj cebulę dymkę i szynkę. Piecz je powoli przez 10 minut. Pozwól im ostygnąć.

Pieczarki oczyścić i usunąć łodygę. Smaż je na patelni do góry nogami przez 5 minut.

Pieczarki nadziewamy szynką i szczypiorkiem, polewamy odrobiną sosu pesto i pieczemy w temperaturze 200°C przez około 5 minut.

SZTUCZKA

Nie ma potrzeby dodawania soli, ponieważ szynka i sos pesto są lekko słone.

CAULIBUID Z STUROI

SKŁADNIKI

1 duży kalafior

1 łyżka słodkiej papryki

1 łyżka octu

2 ząbki czosnku

8 łyżek oliwy z oliwek

Sól

ROZWÓJ

Kalafior podzielić na pęczki i gotować w dużej ilości osolonej wody przez 10 minut

Czosnek zetrzeć i podsmażyć na oleju. Zdejmij patelnię z ognia i dodaj paprykę. Smaż przez 5 sekund i dodaj ocet. Dopraw solą i polej sosem.

SZTUCZKA

aby kalafior mniej pachniał podczas gotowania, do wody dodaj 1 szklankę mleka.

Tarty kalafior

SKŁADNIKI

100 g startego parmezanu

1 duży kalafior

2 żółtka

Sos beszamelowy (patrz rozdział Zupy i sosy)

ROZWÓJ

Kalafior podzielić na pęczki i gotować w dużej ilości osolonej wody przez 10 minut

Dodać do beszamelu (po zdjęciu z ognia), cały czas ubijając żółtka i ser.

Kalafiora ułóż na blasze do pieczenia i polej sosem beszamelowym. Zapiekać w najwyższej temperaturze, aż powierzchnia stanie się złocista.

SZTUCZKA

Po dodaniu do beszamelu startego sera i żółtek powstaje nowy sos o nazwie Mornay.

DUXELLE

SKŁADNIKI

500 g grzybów

100 g masła

100 g szczypiorku (lub cebuli)

Sól i pieprz

ROZWÓJ

Pieczarki oczyścić i pokroić na jak najmniejsze kawałki.

Pokrojony w bardzo małe kawałki szczypiorek podsmaż na maśle i dodaj grzyby. Smaż, aż płyn całkowicie zniknie. Pora roku.

SZTUCZKA

Może stanowić doskonały dodatek do drugiego dania, nadzienie, a nawet pierwsze danie. Duxelle z grzybami i jajkami w koszulce, faszerowana pierś z kurczaka Duxelle itp.

ENDIVIA Z WĘDZONYM ŁOSOSIEM I KABRALAMI

SKŁADNIKI

200 g śmietanki

150 g wędzonego łososia

100 g sera Cabrales

50 g łuskanych orzechów włoskich

6 serc endywii

Sól i pieprz

ROZWÓJ

Usuń liście cykorii, umyj je dokładnie w zimnej wodzie i zanurz w lodowatej wodzie na 15 minut.

W misce wymieszaj ser, pokrojony w plasterki łosoś, orzechy włoskie, śmietanę, sól i pieprz i tym sosem napełnij cykorie.

SZTUCZKA

Umycie cykorii w zimnej wodzie i zanurzenie w wodzie z lodem pomaga usunąć ich gorycz.

Lombard SEGOV

SKŁADNIKI

40 g orzeszków piniowych

40 g rodzynek

1 łyżka papryki

3 ząbki czosnku

1 czerwona kapusta

1 jabłko z pestkami

Oliwa z oliwek

Sól

ROZWÓJ

Usuń środkową łodygę i zewnętrzne liście z czerwonej kapusty i pokrój ją w paski julienne. Jabłko z dekoracją bez usuwania skórki i przekrojone na ćwiartki. Kapustę czerwoną, rodzynki i jabłko gotujemy przez 90 minut. Odcedź i odłóż na bok.

Czosnek pokroić w plasterki i podsmażyć na patelni. Dodaj orzeszki piniowe i usmaż je. Dodać paprykę i czerwoną kapustę z rodzynkami i jabłkiem. Smaż przez 5 minut.

SZTUCZKA

Aby czerwona kapusta nie straciła koloru, zacznij ją gotować we wrzącej wodzie i dodaj trochę octu.

SAŁATKA Z SMAŻONEJ PAPRYKI

SKŁADNIKI

3 pomidory

2 bakłażany

2 cebule

1 czerwona papryka

1 główka czosnku

ocet (opcjonalnie)

Oliwa z oliwek z pierwszego tłoczenia

Sól

ROZWÓJ

Rozgrzej piekarnik do 170°C.

Bakłażana, paprykę i pomidory myjemy, cebulę oczyszczamy. Wszystkie warzywa ułóż na blasze do pieczenia i skrop obficie oliwą. Piec przez 1 godzinę, od czasu do czasu obracając, aby równomiernie się upiekły. Wyjdź, kiedy skończą.

Pozwól pieprzowi ostygnąć, usuń skórę i nasiona. W Juliana kroi się paprykę, cebulę i bakłażana, również bez nasion. Wyjmij i delikatnie wyciśnij ząbki czosnku z pieczonej główki.

Wszystkie warzywa wymieszaj w misce, dopraw szczyptą soli i olejem do smażenia. Można też dodać kilka kropli octu.

SZTUCZKA

Wygodnie jest zrobić kilka pasków z bakłażanów i pomidorów, aby nie pękły podczas pieczenia i dzięki temu były łatwiejsze do czyszczenia.

GROSZ FRANCUSKI

SKŁADNIKI

850 g czystego groszku

250 g cebuli

90 g szynki Serrano

90 g masła

1 litr bulionu mięsnego

1 łyżka mąki

1 czysta sałatka

Sól

ROZWÓJ

Na maśle podsmaż cebulę pokrojoną w drobną kostkę i szynkę pokrojoną w kostkę. Dodać mąkę i smażyć 3 minuty.

Wlać bulion i gotować kolejne 15 minut, od czasu do czasu mieszając. Dodaj groszek i gotuj przez 10 minut na umiarkowanym ogniu.

Dodaj delikatną sałatkę julienne i gotuj przez kolejne 5 minut. Dodaj szczyptę soli.

SZTUCZKA

Groch ugotuj bez przykrycia, aby zapobiec szarzeniu. Jeśli podczas gotowania dodana zostanie szczypta cukru, smak groszku ulegnie wzmocnieniu.

KREM SZpinakowy

SKŁADNIKI

¾ kg świeżego szpinaku

45 g masła

45 g mąki

½ litra mleka

3 ząbki czosnku

gałka muszkatołowa

Oliwa z oliwek

Sól i pieprz

ROZWÓJ

Z roztopionego masła i mąki zrobić beszamel. Smaż powoli przez 5 minut i wlej mleko, ciągle mieszając. Gotuj przez 15 minut i dopraw solą, pieprzem i gałką muszkatołową.

Szpinak ugotować w dużej ilości wody z dodatkiem soli. Odcedzić, odświeżyć i dobrze wycisnąć do całkowitego wyschnięcia.

Czosnek pokroić w kostkę i smażyć na oleju przez 1 minutę. Dodaj szpinak i gotuj przez 5 minut na średnim ogniu.

Wymieszaj szpinak z beszamelem i smaż przez kolejne 5 minut, ciągle mieszając.

SZTUCZKA

Dodaj trochę podpieczonych trójkątów pokrojonego chleba.

FASOLA Z BIAŁĄ KIEŁBASĄ

SKŁADNIKI

1 mała butelka fasoli w oleju

2 ząbki czosnku

1 biała kiełbasa

1 cebula dymka

Oliwa z oliwek

Sól

ROZWÓJ

Spuścić olej z fasoli na patelnię. Na tym oleju podsmażamy pokrojoną w drobną kostkę cebulę i czosnek, dodajemy pokrojoną w kostkę kiełbasę.

Gotuj przez 3 minuty, aż lekko się zarumieni. Zwiększ ogień, dodaj fasolkę szparagową i smaż przez kolejne 3 minuty. Dodaj szczyptę soli.

SZTUCZKA

Można go również przygotować z miękkiej fasoli. Zrób to, gotując je w zimnej wodzie przez 15 minut lub do miękkości. Ochłodzić lodowatą wodą i oczyścić. Następnie przygotuj przepis w ten sam sposób.

FASOLA Z SZYNKĄ

SKŁADNIKI

600 g zielonej fasolki

150 g szynki Serrano

1 łyżeczka papryki

5 pomidorów

3 ząbki czosnku

1 cebula

Oliwa z oliwek

Sól

ROZWÓJ

Usuń boki i końce z fasoli i pokrój ją na duże kawałki. Gotować we wrzącej wodzie przez 12 minut. Odcedzić, odświeżyć i odstawić.

Cebulę i czosnek pokroić na małe kawałki. Duś powoli przez 10 minut i dodaj szynkę serrano. Smaż przez kolejne 5 minut. Dodajemy paprykę i startego pomidora i smażymy aż straci wodę.

Dodaj fasolkę szparagową do sosu i gotuj przez kolejne 3 minuty. Dodaj szczyptę soli.

SZTUCZKA

Chorizomożna zastąpić szynką Serrano.

JEDZENIE JAGNIĘCIA

SKŁADNIKI

450 g jagnięciny

200 g zielonej fasolki

150 g obranej fasoli

150 g grochu

2 litry bulionu mięsnego

2 dcl czerwonego wina

4 serca karczochów

3 ząbki czosnku

2 duże pomidory

2 duże ziemniaki

1 zielona papryka

1 czerwona papryka

1 cebula

Oliwa z oliwek

Sól i pieprz

ROZWÓJ

Jagnięcinę pokroić na dużym ogniu, doprawić i usmażyć. Wycofanie i rezerwacja.

Na tym samym oleju powoli smaż czosnek i cebulę pokrojoną w małe kawałki przez 10 minut. Dodaj startego pomidora i gotuj, aż woda całkowicie odparuje. Dodaj wino i pozwól mu się zredukować. Wlać bulion, dodać jagnięcinę i gotować na wolnym ogniu przez 50 minut lub do momentu, aż mięso będzie miękkie. Pora roku.

Oddzielnie, w drugim garnku, dopraw pokrojoną w kostkę paprykę, groszek, pokrojone w ćwiartki karczochy, pokrojoną na 8 części fasolę i fasolę. Wlać bulion z gotowania jagnięciny i gotować na wolnym ogniu przez 5 minut. Dodać obrane i pokrojone w kostkę ziemniaki. Gotuj do miękkości. Dodaj jagnięcinę i odrobinę bulionu.

SZTUCZKA

Groszek ugotować bez przykrycia, aby kolor nie zmienił koloru na szary.

Bakłażan MILEFEUILLE Z KOZIM SEREM, MIODEM I CURRY

SKŁADNIKI

200 g sera koziego

1 bakłażan

Droga

Curry

Mąka

Oliwa z oliwek

Sól

ROZWÓJ

Bakłażana pokroić w cienkie plasterki, ułożyć na chłonnym papierze i posypać solą z obu stron. Pozwól mu odpocząć przez 20 minut. Usuń nadmiar soli, mąki i usmaż.

Ser pokroić w cienkie plasterki. Złóż warstwy bakłażana i sera. Piec 5 minut w temperaturze 160°C.

Na talerzu do każdego plasterka bakłażana dodaj 1 łyżeczkę miodu i szczyptę curry.

SZTUCZKA

Jeśli pokroisz bakłażana i usmażysz, usuniesz całą gorycz.

ZRÓB BIAŁE SZPARAGI I WĘDZONEGO ŁOSOSA

SKŁADNIKI

400 g szparagów z puszki

200 g wędzonego łososia

½ litra śmietanki

4 jajka

Mąka

Oliwa z oliwek

Sól i pieprz

ROZWÓJ

Wszystkie składniki mieszamy aż do uzyskania gładkiego ciasta. Odcedź, aby uniknąć nitek szparagów.

Wlewa się go do poszczególnych modeli, które wcześniej natłuściłam i oprószyłam mąką. Piec w temperaturze 170°C przez 20 minut. Można go przyjmować na gorąco lub na zimno.

SZTUCZKA

Doskonałą dekoracją jest majonez ze świeżych, pokruszonych liści bazylii.

Papryczki PIQUILLO NADZIEWANE SOSEM Z SOSEM SŁODKO-MUSZTARDOWYM

SKŁADNIKI

125 ml śmietanki

8 łyżek musztardy

2 łyżki cukru

12 papryczek piquillo

2 kiełbaski

spisek

Mąka i jajka (do panierowania)

Oliwa z oliwek

ROZWÓJ

Kaszankę pokruszyć i upiec razem z garścią orzeszków piniowych na gorącej patelni. Pozwól im ostygnąć i nafaszeruj paprykę. Posypujemy mąką i jajkiem i smażymy na dużej ilości oleju.

Śmietanę z musztardą i cukrem gotujemy aż zgęstnieje. Podawać paprykę z ostrym sosem.

SZTUCZKA

Paprykę trzeba smażyć stopniowo na bardzo gorącym oleju.

BODAKI Z SOSEM MIGDAŁOWYM

SKŁADNIKI

900 g gotowanego kartonu

75 g granulowanych migdałów

50 g mąki

50 g masła

1 litr bulionu z kurczaka

1 dl białego wina

1 dl kremu

1 łyżka świeżej posiekanej natki pietruszki

2 ząbki czosnku

2 żółtka

1 cebula

Oliwa z oliwek

Sól i pieprz

ROZWÓJ

Migdały i mąkę prażymy powoli na maśle przez 3 minuty. Nie przerywając mieszania, wlej bulion z kurczaka i gotuj przez kolejne 20 minut. Dodajemy śmietanę i nie przerywając ubijania, dodajemy żółtka z ognia. Pora roku.

Oddzielnie podsmaż na oleju cebulę i czosnek pokrojony w drobną kostkę. Dodać karczochy, zwiększyć ogień i zdeglasować winem. Pozwól mu całkowicie opaść.

Do zupy dodać kardon i podawać z natką pietruszki.

SZTUCZKA

Gdy żółtka się połączą, nie podgrzewaj sosu zbyt mocno, aby się nie zważył i sos pozostał grudkowaty.

PAS STARTOWY

SKŁADNIKI

4 dojrzałe pomidory

2 zielone papryki

2 balony

2 cebule

1 czerwona papryka

2-3 ząbki czosnku

1 łyżeczka cukru

Oliwa z oliwek

Sól

ROZWÓJ

Pomidory zblanszować, zdjąć skórkę i pokroić w kostkę. Obierz i pokrój cebulę i cukinię. Paprykę oczyścić, a mięso pokroić w kostkę.

Smaż czosnek i cebulę na niewielkiej ilości oleju przez 2 minuty. Dodać paprykę i smażyć kolejne 5 minut. Dodajemy cukinię i paprykę jeszcze przez kilka minut. Na koniec dodaj pomidory i gotuj, aż stracą wodę. Dostosuj cukier i sól i zagotuj.

SZTUCZKA

Możemy użyć rozgniecionych pomidorów z puszki lub dobrego sosu pomidorowego.

PORY Z OCTEM ROŚLINNYM

SKŁADNIKI

8 Porucznik

2 ząbki czosnku

1 zielona papryka

1 czerwona papryka

1 cebula dymka

1 ogórek

12 łyżek oleju

4 łyżki octu

Sól i pieprz

ROZWÓJ

Drobno posiekaj paprykę, dymkę, czosnek i ogórek. Wymieszaj z oliwą, octem, solą i pieprzem. Wyjmij to.

Pory oczyść i gotuj we wrzącej wodzie przez 15 minut. Każdą wyjmij, osusz i pokrój na 3 części. Talerz i sos winegret.

SZTUCZKA

Zrób winegret z pomidorów, dymki, kaparów i czarnych oliwek. Zapiekajmy pory z mozzarellą i sosem. Pyszne.

KUCHNIA Z PORÓW, SŁONECZNIKÓW I SERÓW

SKŁADNIKI

200 g sera Manchego

1 litr śmietanki

8 jaj

6 większych czystych porów

1 opakowanie boczku wędzonego

1 opakowanie mrożonego ciasta francuskiego

Mąka

Oliwa z oliwek

Sól i pieprz

ROZWÓJ

Nasmaruj tłuszczem i mąką model, a następnie rozwałkuj ciasto francuskie. Połóż na nim folię aluminiową i warzywa, aby zapobiec wyrośnięciu i piecz przez 15 minut w temperaturze 185°C.

W międzyczasie powoli gotuj drobno posiekany por. Dodaj drobno posiekany boczek.

Ubite jajka wymieszać ze śmietaną, porem, boczkiem i tartym serem. Dopraw solą i pieprzem, połóż tę mieszaninę na wierzchu ciasta francuskiego i piecz w temperaturze 165°C przez 45 minut lub do momentu, aż masa się zetnie.

SZTUCZKA

Aby sprawdzić, czy quiche się stwardniał, przekłuj środek igłą. Jeżeli wyjdzie suche, to znak, że ciasto jest gotowe.

POMIDORY POCHODZENIA

SKŁADNIKI

100 g bułki tartej

4 pomidory

2 ząbki czosnku

Pietruszka

Oliwa z oliwek

Sól i pieprz

ROZWÓJ

Czosnek obierz i pokrój na małe kawałki i wymieszaj z bułką tartą. Pomidory przekrój na pół i usuń nasiona.

Na patelni rozgrzewamy oliwę i dodajemy pomidory, przekrojoną stroną do dołu. Gdy skórka zacznie się podnosić na brzegach, obróć ją na drugą stronę. Gotuj przez kolejne 3 minuty i włóż je do blaszki do pieczenia.

Na tej samej patelni podsmaż mieszankę chleba i czosnku. Po usmażeniu posypujemy pomidorami. Rozgrzej piekarnik do 180°C i piecz przez 10 minut, uważając, aby nie wyschło.

SZTUCZKA

Zwykle jest traktowana jako dodatek do dania głównego, ale także jako danie główne w towarzystwie lekko smażonej mozzarelli.

Faszerowana Cebula

SKŁADNIKI

125 g mielonej wołowiny

125 g boczku

2 łyżki sosu pomidorowego

2 łyżki bułki tartej

4 duże cebule

1 jajko

Oliwa z oliwek

Sól i pieprz

ROZWÓJ

Smaż pokrojony w kostkę boczek i mięso mielone solą i pieprzem, aż stracą różowy kolor. Dodaj pomidory i gotuj przez kolejną 1 minutę.

Mięso wymieszać z jajkiem i bułką tartą.

Usuń pierwszą warstwę cebuli i jej podstawę. Zalać wodą i gotować 15 minut. Jest suszony, pozbawiony rdzenia i nadziewany mięsem. Piec 15 minut w temperaturze 175°C.

SZTUCZKA

Sos Mornay można przygotować zastępując wrzącą wodę z cebuli połową mleka. Na wierzch sos i zapiekanka.

KREM GRZYBOWY Z ORZECHAMI

SKŁADNIKI

1 kg mieszanki grzybów

250 ml śmietanki

125 ml koniaku

2 ząbki czosnku

ORZECHY

Oliwa z oliwek

Sól i pieprz

ROZWÓJ

W garnku zrumienić pokrojony w plasterki czosnek. Zwiększ ogień i dodaj oczyszczone i pokrojone w plasterki grzyby. Smaż przez 3 minuty.

Zwilżyć brandy i poczekać, aż zgęstnieje. Wlać śmietanę i gotować powoli przez kolejne 5 minut. Garść orzechów włoskich rozdrobnić w moździerzu i posypać nimi wierzch.

SZTUCZKA

Dobrym rozwiązaniem są grzyby hodowlane, a nawet suszone.

POCHODNIA Z POMIDORÓW I BAZYLII

SKŁADNIKI

½ litra śmietanki

8 łyżek sosu pomidorowego (patrz rozdział Zupy i sosy)

4 jajka

8 świeżych liści bazylii

Mąka

Oliwa z oliwek

Sól i pieprz

ROZWÓJ

Wymieszaj wszystkie składniki, aż uzyskasz jednorodną pastę.

Rozgrzej piekarnik do 170°C. Podzielić na poszczególne modele, które wcześniej oprószyliśmy mąką i natłuściliśmy i pieczemy 20 minut.

SZTUCZKA

Świetną opcją jest wykorzystanie resztek sosu pomidorowego z innego przepisu.

CZEKOLADA ZIEMNIACZANA Z CURRY Z KURCZAKIEM

SKŁADNIKI

1 kg ziemniaków

½ l rosołu

2 piersi z kurczaka

1 łyżka curry

2 ząbki czosnku

2 pomidory

1 cebula

1 liść laurowy

Oliwa z oliwek

Sól i pieprz

ROZWÓJ

Pierś pokroić w średnią kostkę. Doprawiamy solą i pieprzem i smażymy na rozgrzanym oleju. Usuń i zarezerwuj.

Na małym ogniu, na tym samym oleju, podsmaż cebulę i czosnek pokrojony w drobną kostkę przez 10 minut. Dodać curry i smażyć kolejną minutę. Dodaj starte pomidory, zwiększ ogień i gotuj, aż pomidory stracą całą wodę.

Ziemniaki obrać i zaokrąglić wcześniej. Wlać sos i gotować 3 minuty. Kąpiel z rosołem i wawrzynem. Gotuj na małym ogniu, aż ziemniaki będą ugotowane i doprawione solą i pieprzem.

SZTUCZKA

Wyjmij część bulionu i kilka ziemniaków i rozgnieć je widelcem, aż uzyskasz puree. Wróć do rondla i gotuj przez 1 minutę, ciągle mieszając. To zagęści zupę bezmączną.

MIĘKKIE JAJKA

SKŁADNIKI

8 jaj

Toast

Sól i pieprz

ROZWÓJ

Jajka włóż do garnka zalanego zimną wodą i solą. Gotuj, aż woda delikatnie się zagotuje. Pozostawić na ogniu na 3 minuty.

Wyjąć jajko i ostudzić w lodowatej wodzie. Ostrożnie odłam górną osłonę jak kapelusz. Dopraw solą i pieprzem i podawaj ze smażonymi paluszkami chlebowymi.

SZTUCZKA

W pierwszej minucie ważne jest, aby przesunąć jajko tak, aby żółtko znalazło się w środku.

ZIEMNIAKI NA ZROZUMIENIE

SKŁADNIKI

1 kg ziemniaków

¾ l bulionu rybnego

1 mały kieliszek białego wina

1 łyżka mąki

2 ząbki czosnku

1 cebula

Mąka i jajko (do panierowania)

Pietruszka

Oliwa z oliwek

ROZWÓJ

Obierz ziemniaki i pokrój je w niezbyt grube plasterki. Mąkę i przesiać przez jajko. Smażymy i odstawiamy.

Oddzielnie podsmaż cebulę i czosnek, pokruszone na małe kawałki. Dodać i podsmażyć łyżkę mąki, zalać winem. Pozostawić do wyschnięcia, aż będzie prawie sucha i nawilżyć podkładem. Gotuj przez 15 minut na małym ogniu. Dodaj sól i pietruszkę.

Do sosu dodajemy ziemniaki i gotujemy do miękkości.

SZTUCZKA

Można dodać kilka kawałków morszczuka lub morszczuka i krewetek.

Jajecznica z rukolą

SKŁADNIKI

8 jaj

150 g suszonych borowików

50 g masła

50 g mąki

1 ml słodkiego wina

2 ząbki czosnku

gałka muszkatołowa

Ocet

Olej

Sól i pieprz

ROZWÓJ

Jurčkę zalać około 1 godziną w 1 litrze wrzącej wody. W międzyczasie jajka gotuj we wrzącej wodzie z dodatkiem soli i octu przez 5 minut. Wyjmij i natychmiast odśwież w lodowatej wodzie. Wyczyść ostrożnie.

Odcedź jurčkę i zachowaj wodę. Czosnek pokroić w plasterki i lekko podsmażyć na oleju. Dodaj borowiki i smaż przez 2 minuty na dużym ogniu. Dopraw solą i pieprzem i zdeglasuj słodkim winem, aż sos będzie gotowy, a sos będzie suchy.

Na patelni roztapiamy masło z mąką. Smażyć przez 5 minut na małym ogniu, ciągle mieszając. Wlać wodę z odwodnienia borowików. Gotuj przez 15 minut na małym ogniu, ciągle mieszając. Doprawić i dodać gałkę muszkatołową.

Na talerzu ułóż borowiki, następnie jajka i udekoruj sosem.

SZTUCZKA

Krecie jajo powinno pozostać z ubitym białkiem i płynnym żółtkiem.

ZIEMNIAK I BIAŁA RĘKA

SKŁADNIKI

1 kg ziemniaków

600 g białego, bez kości i skóry

4 łyżki sosu pomidorowego

1 duża cebula

2 ząbki czosnku

1 liść laurowy

Koniak

Oliwa z oliwek

Sól i pieprz

ROZWÓJ

Ziemniaki oczyścić, pokroić w ćwiartki i gotować przez 30 minut w osolonej wodzie. Odcedź je i przepuść przez młyn. Rozłóż puree na przezroczystej folii i odłóż na bok.

Drobno posiekaj cebulę i czosnek. Smażyć na umiarkowanym ogniu przez 5 minut i dodać liść laurowy oraz posiekane i przyprawione białko jaja. Smażyć kolejne 5 minut bez przerwy, wymieszać, zmiękczyć brandy i pozostawić do zgęstnienia. Dodaj sos pomidorowy i gotuj przez kolejną minutę. Zostaw do schłodzenia.

Białkiem rozsmaruj masę ziemniaczaną, zwiń ją w rulon i pozostaw w lodówce do momentu podania.

SZTUCZKA

Można go przygotować z dowolnej świeżej lub mrożonej ryby.
Następnie podawaj z różowym sosem lub aioli.

OMLETTY DO GOTOWANIA (ROPA VIEJA)

SKŁADNIKI

125 g kaszanki

100 g kurczaka lub kurczaka

60 g kapusty

60 g boczku

1 łyżeczka papryki

3 ząbki czosnku

1 kaszanka

1 kiełbasa

1 cebula

2 łyżki oliwy z oliwek

Sól

ROZWÓJ

Cebulę i czosnek pokroić na małe kawałki. Gotować na małym ogniu przez 10 minut. Drobno posiekaj gulasz i kapustę i dodaj do cebuli. Smaż na średnim ogniu, aż mięso będzie złocistobrązowe i ugotowane.

Jajka ubić i dodać do mięsa. Dostosuj sól.

Rozgrzej dobrze patelnię, dodaj olej i obsmaż tortillę z obu stron.

SZTUCZKA

Następnie dodaj dobry sos pomidorowy z kminkiem.

ZIEMNIAKI NADZIEWANE ŁOSOSEM WĘDZONYM, Boczkiem i Bakłażanem

SKŁADNIKI

4 średnie ziemniaki

250 g boczku

150 g parmezanu

200 g wędzonego łososia

½ litra śmietanki

1 bakłażan

Oliwa z oliwek

Sól i pieprz

ROZWÓJ

Ziemniaki dobrze umyć i gotować w skórkach na umiarkowanym ogniu przez 25 minut lub do miękkości. Odcedź, przekrój na pół i odcedź, pozostawiając lekką warstwę. Zarezerwuj ziemniaki w całości i odcedź.

Na rozgrzanej patelni podsmaż boczek pokrojony w cienkie paski. Wycofanie i rezerwacja. Na tym samym oleju smażymy pokrojonego w drobną kostkę bakłażana przez 15 minut lub do miękkości.

Do naczynia żaroodpornego włóż ziemniaki, gotowany bakłażan, boczek, pokrojony w plasterki łosoś, parmezan i śmietanę. Gotuj przez 5 minut na średnim ogniu i dopraw.

Napełnij ziemniaki poprzednią mieszanką i piecz je w formie zapiekanej w temperaturze 180°C, aż staną się brązowe.

SZTUCZKA

Z tym samym nadzieniem możesz zrobić kilka bakłażanów.

SZYDEŁKA Z ZIEMNIAKÓW I SERÓW

SKŁADNIKI

500 g ziemniaków

150 g startego parmezanu

50 g masła

Mąka, jajko i bułka tarta (do panierowania)

2 żółtka

gałka muszkatołowa

Sól i pieprz

ROZWÓJ

Ziemniaki oczyścić, pokroić w ćwiartki i gotować na średnim ogniu z wodą i solą przez 30 minut. Odcedzić i przejść przez młyn. Dodać gorące masło, żółtka, sól, pieprz, gałkę muszkatołową i parmezan. Zostaw do schłodzenia.

Formuj kulki niczym krokiety i mieszaj je z mąką, roztrzepanym jajkiem i bułką tartą. Smażymy na dużej ilości oleju aż do zarumienienia.

SZTUCZKA

Przed przykryciem na środek krokieta nakładamy 1 łyżeczkę sosu pomidorowego i kawałek świeżej kiełbasy, już ugotowanej. Są pyszne.

DOBRE KARTY

SKŁADNIKI

1 kg ziemniaków późnych lub półpóźnych (odmiana kwaśna lub Monalisa)

1 litr oliwy z oliwek

Sól

ROZWÓJ

Obierz ziemniaki i pokrój je w zwykłe słupki. Umyj je w dużej ilości zimnej wody, aż staną się całkowicie przezroczyste. Dobrze suszy.

Rozgrzej olej na patelni na średnim ogniu, około 150 stopni. Gdy zacznie się delikatnie, ale nieprzerwanie gotować, dodajemy ziemniaki i smażymy, aż dobrze zmiękną, uważając, aby ich nie połamać.

Gdy olej jest bardzo gorący, zwiększ ogień do maksymalnego i dodawaj ziemniaki w różnych ilościach, mieszając łyżką cedzakową. Smażyć, aż będą złociste i chrupiące. Wyjąć, odsączyć z nadmiaru oleju i soli.

SZTUCZKA

Obie temperatury oleju są ważne. Dzięki temu są bardzo miękkie w środku i chrupiące na zewnątrz. Na koniec dodaje się sól.

JAJKA FLORENCJA

SKŁADNIKI

8 jaj

800 g szpinaku

150 g prosciutto

1 ząbek czosnku

Sos beszamelowy (patrz rozdział Zupy i sosy)

Sól

ROZWÓJ

Szpinak gotujemy we wrzącej, osolonej wodzie przez 5 minut. Odśwież je i wyciśnij, aby straciły całą wodę. Drobno posiekaj i odłóż na bok.

Czosnek posiekaj i smaż na średnim ogniu przez 1 minutę. Dodaj pokrojoną w kostkę szynkę i smaż przez kolejną 1 minutę. Zwiększ ogień, dodaj szpinak i gotuj przez kolejne 5 minut. Następnie podziel szpinak do 4 glinianych garnków.

Na szpinak wlać 2 ubite jajka. Dopraw beszamelem i piecz przez 8 minut w temperaturze 170°C.

SZTUCZKA

Produkty szpinakowe nazywane są florenckimi.

PIEC ZIEMNIAKI Z PASZTEM I KREWETKAMI

SKŁADNIKI

4 ziemniaki

300 g czystej żabnicy bez kości

250 g obranych krewetek

½ l zupy rybnej

1 kieliszek białego wina

1 łyżka miąższu papryki choricero

1 łyżeczka papryki

8 pasm szafranu

3 kromki tostów

2 ząbki czosnku

1 cebula

Oliwa z oliwek

Sól i pieprz

ROZWÓJ

Cebulę i drobno posiekany czosnek gotuj na małym ogniu przez 10 minut. Dodać kromki chleba i przyrumienić. Dodać szafran, paprykę i paprykę chorizo. Smaż przez 2 minuty.

Podsmaż ziemniaki i wrzuć je do sosu. Smaż przez 3 minuty. Wlać wino i pozostawić do całkowitego zredukowania.

Wlać zupę i gotować, aż ziemniaki będą prawie ugotowane. Dodać pokrojone kawałki dorady i oczyszczone krewetki. Dopraw i gotuj przez kolejne 2 minuty. Pozostawić na 5 minut z dala od ognia.

SZTUCZKA

Przechowywanie ziemniaków oznacza dzielenie ich na równe kawałki bez całkowitego przecięcia. Dzięki temu zupa będzie gęstsza.

JAJKA W STYLU FLAMENCO

SKŁADNIKI

8 jaj

200 g sosu pomidorowego

1 mała puszka papryczek piquillo

4 łyżki gotowanego groszku

4 plastry szynki serrano

4 grube plastry chorizo

4 szparagi z puszki

ROZWÓJ

Sos pomidorowy rozlać do 4 glinianych garnków. Do każdego włóż po 2 rozbite jajka i ułóż w osobnych stosach pokrojony groszek, chorizo i szynkę, a także pokrojoną w plasterki paprykę i szparagi.

Piec w temperaturze 190°C, aż jajka lekko stwardnieją.

SZTUCZKA

Można go przygotować z kiełbasą, a nawet ze świeżą kiełbasą.

TORTILLA PAISANA

SKŁADNIKI

6 jaj

3 duże ziemniaki

25 g gotowanego groszku

25 g chorizo

25 g szynki serrano

1 zielona papryka

1 czerwona papryka

1 cebula

Oliwa z oliwek

Sól i pieprz

ROZWÓJ

Cebulę i paprykę pokroić na małe kawałki. Obrane ziemniaki pokroić w bardzo cienkie plasterki. Smażyć ziemniaki z cebulą i papryką na umiarkowanym ogniu.

Podsmaż chorizo i szynkę pokrojoną w drobną kostkę. Odcedzić ziemniaki z cebulą i papryką. Wymieszać z chorizo i szynką. Dodaj groszek.

Jajka ubić, doprawić solą i pieprzem, wymieszać z ziemniakami i pozostałymi składnikami. Dobrze rozgrzewamy średniej wielkości patelnię, dodajemy poprzednią mieszankę i smażymy z obu stron.

SZTUCZKA

Należy go łatwo naprawić, ponieważ jest wykończony ciepłem resztkowym. Dzięki temu będzie bardziej soczyste.

JAJKA PIECZONE Z KIEŁBASĄ I MUSZTARDĄ

SKŁADNIKI

8 jaj

2 wędzone niemieckie kiełbaski

5 łyżek musztardy

4 łyżki śmietanki

2 pikle

Sól i pieprz

ROZWÓJ

Drobno posiekane pikle miesza się z musztardą i śmietaną.

Drobno posiekaj kiełbaski na dnie 4 glinianych garnków. Polać sosem musztardowym i po 2 rozbitych jajkach w każdym. Pora roku.

Piec w temperaturze 180°C, aż białka jaj stwardnieją.

SZTUCZKA

Do musztardowo-śmietanowej mieszanki dodać 2 łyżki startego parmezanu i kilka gałązek świeżego tymianku.

OMLET ZIEMNIAKA W SOSIE

SKŁADNIKI

7 dużych jaj

800 g ziemniaków do smażenia

1 dl białego wina

¼ litra rosołu

1 łyżka świeżej pietruszki

1 łyżeczka papryki

1 łyżeczka mąki

3 ząbki czosnku

oliwa z pierwszego tłoczenia

Sól

ROZWÓJ

Drobno posiekaj czosnek i smaż na średnim ogniu przez 3 minuty, nie powodując nadmiernego zrumienienia. Dodać mąkę i smażyć 2 minuty. Dodaj paprykę i smaż przez 5 sekund. Wlać wino i pozostawić do całkowitego rozcieńczenia. Wlać zupę i gotować na małym ogniu przez 10 minut, od czasu do czasu mieszając. Dopraw solą i posyp natką pietruszki.

Obierz ziemniaki. Przekrój je wzdłuż na ćwiartki, a te na cienkie plasterki. Smaż je, aż zmiękną i staną się lekko złociste.

Ubij jajka i dodaj sól. Ziemniaki dobrze odsączamy i dodajemy do ubitych jajek. Dostosuj sól.

Rozgrzej patelnię, wlej 3 łyżki oleju ze smażenia ziemniaków i dodaj mieszaninę jajek i ziemniaków. Mieszaj przez 15 sekund na dużym ogniu. Odwróć go za pomocą talerza. Ponownie rozgrzej patelnię i dodaj kolejne 2 łyżki oleju ze smażenia ziemniaków. Dodaj tortille i smaż na dużym ogniu przez 15 sekund. Dopraw solą i gotuj na małym ogniu przez 5 minut.

SZTUCZKA

Do tego typu przepisu można wykorzystać bulion pozostały z gulaszu lub ryżu.

PURUSALD

SKŁADNIKI

1 kg ziemniaków

200 g solonego dorsza

100 ml białego wina

3 średniej wielkości pory

1 duża cebula

ROZWÓJ

Dorsza gotuj w 1 l zimnej wody przez 5 minut. Wyjąć dorsza, rozgnieść i usunąć kości. Zachowaj wodę do gotowania.

Cebulę pokroić w paski julienne i smażyć w rondlu na małym ogniu przez około 20 minut. Pory pokroić w grube plasterki i dodać do cebuli. Piec w piekarniku przez kolejne 10 minut.

Ziemniaki rozgnieść (nie kroić) i dodać do gulaszu po ugotowaniu porów. Ziemniaki lekko podsmaż, zwiększ ogień i zwilż je białym winem. Niech opadnie.

Gulasz zalać wodą z gotowania dorsza, doprawić solą (aby był miękki) i gotować do miękkości ziemniaków. Dodaj dorsza i gotuj przez kolejną 1 minutę. Dopraw solą i pozostaw pod przykryciem na 5 minut.

SZTUCZKA

Zamień ten gulasz w krem. Trzeba jedynie zmiażdżyć i odcedzić. pyszne.

PIECZONE ZIEMNIAKI

SKŁADNIKI

500 g ziemniaków

1 kieliszek białego wina

1 mała cebula

1 zielona papryka

Oliwa z oliwek

Sól

ROZWÓJ

Obierz ziemniaki i pokrój je w cienkie plasterki. Cebulę i paprykę pokroić w paski julienne. Ułożyć na blasze do pieczenia. Posolić i dobrze posmarować olejem. Mieszaj, aż wszystko dobrze się nasiąknie i przykryj folią aluminiową.

Piec w temperaturze 160°C przez 1 godzinę. Wyjmij, zdejmij papier i nalej kieliszek wina.

Piec bez przykrycia w temperaturze 200°C przez kolejne 15 minut.

SZTUCZKA

Wino można zastąpić ½ szklanki wody, ½ szklanki octu i 2 łyżkami cukru.

JEŻ GRZYBOWY

SKŁADNIKI

8 jaj

500 g grzybów oczyszczonych i pokrojonych w plasterki

100 g szynki serrano pokrojonej w kostkę

8 kromek tostów

2 ząbki czosnku

Oliwa z oliwek

ROZWÓJ

Czosnek pokroić w plasterki i razem z pokrojoną w kostkę szynką lekko przyrumienić, nie barwiąc. Zwiększ ogień, dodaj oczyszczone i pokrojone w plasterki grzyby i smaż przez 2 minuty.

Dodajemy ubite jajka, cały czas ubijając, aż masa będzie lekko sztywna i puszysta.

SZTUCZKA

Nie ma potrzeby dodawania soli, ponieważ szynka Serrano ją zapewnia.

JAJKA NA TALERZE Z SARDYNKAMI I OLIWKAMI

SKŁADNIKI

8 jaj

500 g pomidorów

40 g czarnych oliwek bez pestek

12 anchois

10 kaparów

3 ząbki czosnku

1 cebula dymka

Oregano

cukier

Oliwa z oliwek

Sól

ROZWÓJ

Drobno posiekaj czosnek i cebulę dymkę. Gotować na małym ogniu przez 10 minut.

Obierz pomidory, usuń nasiona i pokrój je w małą kostkę. Dodać do sosu czosnkowo-cebulowego. Zwiększ ogień i gotuj, aż pomidory stracą całą wodę. Dostosuj sól i cukier.

Rozłóż pomidory w glinianych doniczkach. Na wierzch połóż 2 rozbite jajka i dodaj resztę posiekanych składników. Piec w temperaturze 180°C, aż białka jaj stwardnieją.

SZTUCZKA

Dodatek cukru do przepisów wykorzystujących pomidory ma na celu zrównoważenie kwasowości, jaką zapewniają.

ZIEMNIAKI W ŚMIEMIE Z SŁONECZNIKIEM I PARMEZANEM

SKŁADNIKI

1 kg ziemniaków

250 g boczku

150 g parmezanu

300 ml śmietanki

3 cebule

gałka muszkatołowa

Oliwa z oliwek

Sól i pieprz

ROZWÓJ

W misce wymieszaj śmietanę z serem, solą, pieprzem i gałką muszkatołową.

Obierz ziemniaki i cebulę i pokrój je w cienkie plasterki. Smażymy na patelni do miękkości. Odcedzić i doprawić.

Osobno podsmażamy pokrojony w plasterki boczek i dodajemy na patelnię z ziemniakami.

Ziemniaki ułożyć na blasze do pieczenia, polać kremową masą i piec w temperaturze 175°C do zarumienienia wierzchu.

SZTUCZKA

Ten przepis możesz przygotować także bez gotowania ziemniaków. Wystarczy, że pieczesz je w temperaturze 150°C przez 1 godzinę.

GOTOWANE JAJKA

SKŁADNIKI

8 jaj

Sól

ROZWÓJ

Jajka gotuj we wrzącej wodzie przez 11 minut.

Ochłodzić lodowatą wodą i oczyścić.

SZTUCZKA

Aby ułatwić obieranie, do wody z gotowania dodajemy dużo soli i obieramy je od razu po ostygnięciu.

GUBČAŃSKI ZIEMNIAK

SKŁADNIKI

1 kg małych ziemniaków

500 g grubej soli

ROZWÓJ

Ziemniaki ugotuj w osolonej wodzie do miękkości. Powinny być całkowicie pokryte dodatkowym centymetrem wody. Odcedź ziemniaki.

Ziemniaki włóż z powrotem do tego samego garnka (nie myjąc ich) i postaw na małym ogniu, ostrożnie mieszając, aż będą suche. Następnie na każdym ziemniaku tworzy się niewielka warstwa soli, a skórka staje się pomarszczona.

SZTUCZKA

Stanowią doskonały dodatek do solonych ryb. Spróbuj pesto.

JAJKA PŁASZCZONE Z GRZYBAMI, Krewetkami i Triguerori

SKŁADNIKI

8 jaj

300 g świeżych grzybów

100 g krewetek

250 ml bulionu mięsnego

2 łyżki Pedro Ximenez

1 łyżeczka mąki

1 pęczek dzikich szparagów

Oliwa z oliwek

1 dl octu

Sól i pieprz

ROZWÓJ

Jajka ugotuj w dużej ilości wrzącej wody z solą i odrobiną octu. Wyłącz ogień, przykryj patelnię i odczekaj 3–4 minuty. Białko musi być ugotowane, a żółtko płynne. Wyjąć, odcedzić i doprawić.

Szparagi oczyść i przekrój wzdłuż na pół. Smażymy je na patelni na dużym ogniu, solimy i odstawiamy. Smaż oczyszczone i przyprawione krewetki w tym samym oleju na bardzo dużym ogniu przez 30 sekund. Wznosić.

Smaż pokrojone w plasterki grzyby na tej samej patelni na dużym ogniu przez 1 minutę, dodaj mąkę i smaż przez kolejną minutę.

Nawilżaj Pedro Ximénez, aż zredukuje się i wyschnie. Zalać bulionem, który należy osolić i doprowadzić do wrzenia.

Na talerzu ułóż szparagi, krewetki i grzyby, połóż na nich jajka. Dopraw sosem Pedro Ximénez.

SZTUCZKA

Zupę zagotować z 1 gałązką rozmarynu do połowy objętości.

SIATKA ZIEMNIACZANA Z CHORIS I ZIELONĄ PAPRYKĄ

SKŁADNIKI

6 jaj

120 g posiekanego chorizo

4 ziemniaki

2 włoskie zielone papryki

2 ząbki czosnku

1 cebula dymka

Oliwa z oliwek

Sól i pieprz

ROZWÓJ

Obierz, umyj i pokrój ziemniaki w średnią kostkę. Dobrze spłucz, aż woda będzie czysta. Julienne, cebula i papryka.

Ziemniaki podsmaż na rozgrzanym oleju i podsmaż do połowy, dodaj paprykę i dymkę, aby warzywa nabrały złocistego koloru i stały się miękkie.

Odcedzić ziemniaki, cebulę i paprykę. Na patelni zostaw tylko odrobinę oleju, aby usmażyć posiekane chorizo. Ponownie dodać ziemniaki ze szczypiorkiem i papryką. Dodajemy roztrzepane jajka i mieszamy aż lekko zgęstnieje. Dostosuj sól i pieprz.

SZTUCZKA

Chorizo możesz zastąpić kaszanką, chistorrą, a nawet butifarrą.

BIEDNY ZIEMNIAK

SKŁADNIKI

1 kg ziemniaków

3 ząbki czosnku

1 mała zielona papryka

1 mała czerwona papryka

1 mała cebula

Świeża pietruszka

Oliwa z oliwek

4 łyżki octu

Sól

ROZWÓJ

Czosnek rozgnieć z natką pietruszki, octem i 4 łyżkami wody.

Obierz ziemniaki i pokrój je jak omlet. Smażymy je na dużej ilości gorącego oleju, dodajemy cebulę i paprykę pokrojoną w cienkie paseczki julienne. Kontynuuj smażenie, aż będzie lekko złociste.

Wyjmij i osusz ziemniaki, cebulę i paprykę. Dodaj zmiażdżony czosnek i ocet. Wymieszaj i dodaj sól.

SZTUCZKA

Stanowi doskonały dodatek do wszystkich rodzajów mięs, zwłaszcza tłustych, takich jak jagnięcina i wieprzowina.

WIELKI KSIĄŻĘ ROZŁAMANE JAJKA

SKŁADNIKI

8 jaj

125 g parmezanu

30 g masła

30 g mąki

½ litra mleka

4 kromki tostów

gałka muszkatołowa

Ocet

Sól i pieprz

ROZWÓJ

Przygotować beszamel, podsmażając mąkę na maśle przez 5 minut na małym ogniu, dodać mleko, ciągle mieszając, i gotować kolejne 5 minut. Doprawić solą, pieprzem i gałką muszkatołową.

Jajka ugotuj w dużej ilości wrzącej wody z solą i odrobiną octu. Wyłącz ogień, przykryj patelnię i odczekaj 3–4 minuty. Wyjąć i odsączyć.

Na grzance połóż jajko w koszulce i posyp beszamelem. Posypujemy tartym parmezanem i pieczemy w piekarniku.

SZTUCZKA

Gdy woda się zagotuje, zamieszać ją trzepaczką i od razu dodać jajko. W ten sposób uzyskuje się zaokrąglony i idealny kształt.

ZIEMNIAKI Z ŻEBERKAMI

SKŁADNIKI

3 duże ziemniaki

1 kg marynowanych żeberek wieprzowych

4 łyżki sosu pomidorowego

2 ząbki czosnku

1 liść laurowy

1 zielona papryka

1 czerwona papryka

1 cebula

Oliwa z oliwek

Sól

ROZWÓJ

Żeberka pokroić i zrumienić w bardzo gorącym garnku. Usuń i zarezerwuj.

Na tym samym oleju podsmaż paprykę, czosnek i cebulę pokrojoną w średniej wielkości kawałki. Gdy warzywa będą miękkie dodajemy sos pomidorowy i ponownie dodajemy żeberka. Wymieszaj i zalej wodą. Dodaj liść laurowy i gotuj na małym ogniu, aż będzie prawie miękki.

Następnie dodaj puree ziemniaczane. Dopraw solą i kontynuuj gotowanie, aż ziemniaki będą miękkie.

SZTUCZKA

Konserwowanie ziemniaka oznacza przełamanie go nożem bez przecinania go na wylot. W ten sposób ziemniaki uwalniają skrobię, a zupy stają się bogatsze i gęstsze.

JAJKA PIECZONE W PANIE

SKŁADNIKI

8 jaj

70 g masła

70 g mąki

Mąka, jajko i bułka tarta (do panierowania)

½ litra mleka

gałka muszkatołowa

Oliwa z oliwek

Sól i pieprz

ROZWÓJ

Rozgrzewamy patelnię z oliwą, smażymy jajka, żółtko zostawiamy surowe lub bardzo mało ugotowane. Wyjąć, doprawić solą i odsączyć nadmiar oleju.

Przygotuj beszamel, smażąc mąkę na roztopionym maśle przez 5 minut. Dodać mleko i gotować przez 10 minut na średnim ogniu, ciągle mieszając. Doprawiamy i doprawiamy gałką muszkatołową.

Ostrożnie przykryj jajka ze wszystkich stron beszamelem. Schłodzić w lodówce.

Jajka maczamy w mące, roztrzepanym jajku i bułce tartej i smażymy na rozgrzanym oleju na złoty kolor.

SZTUCZKA

Im świeższe jajka, tym mniej będą się rozpryskiwać podczas smażenia. W tym celu wyjmij je z lodówki na 15 minut przed smażeniem.

ZIEMNIAKI Z ORZECHAMI LASKOWYMI

SKŁADNIKI

750 g ziemniaków

25 g masła

1 łyżeczka posiekanej świeżej natki pietruszki

2 łyżki oliwy z oliwek

Sól i pieprz

ROZWÓJ

Oczyszczamy ziemniaki i usuwamy kulki za pomocą dziurkacza. Ugotuj je w garnku z zimną wodą z dodatkiem soli. Przy pierwszym gotowaniu odczekaj 30 sekund i odcedź.

Na patelni rozpuść masło z olejem. Dodaj odsączone i odsączone ziemniaki i gotuj na małym lub średnim ogniu, aż ziemniaki będą złociste i miękkie w środku. Doprawić solą, pieprzem i dodać natkę pietruszki.

SZTUCZKA

Można je także upiec w piekarniku nagrzanym do 175°C, od czasu do czasu mieszając, aż staną się miękkie i złociste.

Molletowane jaja

SKŁADNIKI

8 jaj

Sól

Ocet

ROZWÓJ

Jajka gotuj we wrzącej wodzie z dodatkiem soli i octu przez 5 minut. Wyjmij i natychmiast odśwież w lodowatej wodzie i dokładnie wyczyść.

SZTUCZKA

Jeśli chcesz oczyścić jajka na twardo, dodaj do wody dużo soli.

ZIEMNIAKI RIOJANA

SKŁADNIKI

2 duże ziemniaki

1 łyżeczka pieprzu choricero lub ñora

2 ząbki czosnku

1 chorizo asturyjskie

1 zielona papryka

1 liść laurowy

1 cebula

pieprz

4 łyżki oliwy z oliwek

Sól

ROZWÓJ

Smaż posiekany czosnek na oleju przez 2 minuty. Dodajemy pokrojoną w julienne cebulę i paprykę i smażymy przez 25 minut na średnio-małym ogniu (kolor powinien być taki sam, jak gdyby był karmelizowany). Dodać łyżeczkę papryki chorizo.

Dodać posiekane chorizo i smażyć kolejne 5 minut. Dodaj cacheladę ziemniaczaną i gotuj przez kolejne 10 minut, ciągle mieszając. Dodajmy sól.

Dodać paprykę i zalać wodą. Gotuj razem z liściem laurowym na bardzo małym ogniu, aż ziemniaki będą ugotowane.

SZTUCZKA

Z resztek można zrobić krem. To spektakularna przystawka.

ZIEMNIAKI Z FRYTKAMI

SKŁADNIKI

3 duże ziemniaki

1 kg mątwy

3 ząbki czosnku

1 puszka groszku

1 duża cebula

Magazyn ryb

Świeża pietruszka

Oliwa z oliwek

Sól

ROZWÓJ

Drobno posiekaj cebulę, czosnek i pietruszkę. Smażymy wszystko w garnku na umiarkowanym ogniu.

Gdy warzywa będą już ugotowane, zwiększ ogień do maksymalnego i smaż pokrojoną w średniej wielkości mątwę przez 5 minut. Zalej bulionem rybnym (lub zimną wodą) i gotuj, aż mątwy będą miękkie. Doprawić solą, dodać oczyszczone ziemniaki, kaszę i groszek.

Zmniejsz ogień i gotuj, aż ziemniaki będą ugotowane. Dopraw solą i podawaj na gorąco.

SZTUCZKA

Bardzo ważne jest, aby smażyć mątwy na bardzo dużym ogniu, w przeciwnym razie będą twarde i mało soczyste.

USSTROI OMLETTA Z KREWETKAMI

SKŁADNIKI

8 jaj

350 g obranych krewetek

4 ząbki czosnku

1 cayenne

Oliwa z oliwek

Sól

ROZWÓJ

Czosnek pokroić w plasterki i podsmażyć razem z cayenne. Dodać krewetki, doprawić solą i zdjąć z ognia. Odcedzić krewetki, czosnek i pieprz cayenne.

Dobrze rozgrzej patelnię z oliwą czosnkową. Ubij jajka i dopraw. Dodać krewetki i czosnek i delikatnie obtoczyć na patelni.

SZTUCZKA

Aby tortilla nie przykleiła się do patelni, należy ją dokładnie podgrzać przed dodaniem oleju.

ZIEMNIAKI Z DORSZA

SKŁADNIKI

1 kg ziemniaków

500 g solonego dorsza

1 l dymu

2 ząbki czosnku

1 zielona papryka

1 czerwona papryka

1 cebula

świeża posiekana natka pietruszki

Oliwa z oliwek

Sól

ROZWÓJ

Drobno posiekaj cebulę, czosnek i pieprz. Warzywa gotuj na małym ogniu przez 15 minut.

Dodaj ziemniaki cachelada (rozdrobnione, nie pokrojone) i smaż przez kolejne 5 minut.

Przykryj szklanką soli i gotuj, aż ziemniaki będą prawie gotowe. Następnie dodać dorsza i natkę pietruszki i gotować przez 5 minut. Dopraw solą i podawaj na gorąco.

SZTUCZKA

Przed paleniem można dodać 1 kieliszek białego wina i odrobinę pieprzu cayenne.

TŁUCZONE ZIEMNIAKI

SKŁADNIKI

400 g ziemniaków

100 g masła

200 ml mleka

1 liść laurowy

gałka muszkatołowa

Sól i pieprz

ROZWÓJ

Umyte i pokrojone w plasterki ziemniaki z liściem laurowym gotujemy na średnim ogniu do miękkości. Odcedź ziemniaki i rozgnieć je przez tłuczek do ziemniaków.

Mleko zagotować z masłem, gałką muszkatołową, solą i pieprzem.

Do ziemniaków wlać mleko i ubić trzepaczką. Jeśli to konieczne, popraw to, czego brakuje.

SZTUCZKA

Dodać 100 g startego parmezanu i ubić trzepaczką. Rezultat jest pyszny.

OMLET FASOLOWY Z MORCILLO

SKŁADNIKI

8 jaj

400 g fasoli

150 g kiełbasy

1 ząbek czosnku

1 cebula

Oliwa z oliwek

Sól

ROZWÓJ

Fasolkę szparagową gotujemy we wrzącej wodzie z odrobiną soli, aż będzie miękka. Odcedzić i odświeżyć zimną wodą z lodem.

Drobno posiekaj cebulę i czosnek. Smażyć na małym ogniu przez 10 minut razem z kaszanką, uważając, aby jej nie rozbić. Dodaj zieloną fasolkę i gotuj przez kolejne 2 minuty.

Ubij jajka i sól. Na bardzo gorącą patelnię dodaj fasolkę szparagową i nasiona sezamu.

SZTUCZKA

Aby danie było jeszcze bardziej spektakularne, natychmiast po wystygnięciu usuń skórkę z każdej fasoli. Będzie miał delikatniejszą konsystencję.

Czosnek Czosnek i Triguerori

SKŁADNIKI

8 jaj

100 g pączków czosnku

8 kromek tostów

8 dzikich szparagów

2 ząbki czosnku

Oliwa z oliwek

Sól i pieprz

ROZWÓJ

Drobno posiekaj pączki czosnku i obrane szparagi. Czosnek pokroić w plasterki i podsmażyć razem z pączkami czosnku i szparagami. Pora roku.

Ciągle mieszając, dodajemy ubite jajka, żeby lekko zesztywniały. Jajecznica podawana jest na kromkach tostów.

SZTUCZKA

Jajka można również przygotować w misce bemarowej na umiarkowanym ogniu i ciągle mieszając. Pozostaną z miodową konsystencją.

ZIEMNIAKI Z NISH

SKŁADNIKI

6 dużych ziemniaków

500 g kurków

1 łyżeczka startej słodkiej papryki

1 ząbek czosnku

1 cebula

½ zielonej papryki

½ czerwonej papryki

pieprz

bulion mięsny (do przykrycia)

ROZWÓJ

Warzywa gotuj w małych kawałkach na małym ogniu przez 30 minut. Dodać ziemniaki cachelada (rozdrobnione, nie pokrojone) i smażyć przez 5 minut. Dodać oczyszczone i poćwiartowane kurki, bez szypułek.

Smaż przez 3 minuty i dodaj słodką paprykę i odrobinę ostrej papryki. Zalewamy zupę i doprawiamy solą (powinna być lekko luźna). Gotuj na małym ogniu i dodaj sól.

SZTUCZKA

Wyjmij kilka ugotowanych ziemniaków z odrobiną bulionu, rozgnieć i dodaj z powrotem do gulaszu, aby zagęścić sos.

Omlet z grzybami i krewetkami

SKŁADNIKI

8 jaj

400 g czystych borowików

150 g krewetek

3 ząbki czosnku

2 łyżki oliwy z oliwek

Sól i pieprz

ROZWÓJ

Drobno posiekaj czosnek i lekko podsmaż go na patelni na umiarkowanym ogniu.

Cebulę dymkę pokroić w kostkę, zwiększyć ogień i dodać czosnek na patelnię. Gotuj przez 3 minuty. Dodaj obrane i przyprawione krewetki i smaż przez kolejną 1 minutę.

Ubij jajka i dodaj sól. Dodaj borowiki i krewetki. Rozgrzej patelnię z 2 łyżkami oleju i obsmaż tortillę z obu stron.

SZTUCZKA

Po połączeniu wszystkich składników dodać odrobinę oliwy truflowej. przyjemność.

JAJKA W CIENIU

SKŁADNIKI

8 jaj

125 g parmezanu

8 plasterków szynki serrano

8 kromek tostów

Sos beszamelowy (patrz rozdział Zupy i sosy)

Ocet

Sól i pieprz

ROZWÓJ

Jajka ugotuj w dużej ilości wrzącej wody z solą i odrobiną octu. Wyłącz ogień, przykryj patelnię i odczekaj 3–4 minuty. Wyjąć i odświeżyć lodowatą wodą. Wyjmować łyżką cedzakową i układać na papierze kuchennym.

Podzielić szynkę Serrano na 4 zapiekanki. Na wierzchu układamy jajka, posypujemy beszamelem i posypujemy tartym parmezanem. Smażyć, aż ser stanie się złocisty.

SZTUCZKA

Można go przygotować z wędzonym boczkiem, a nawet z sobrassadą.

OMELET Z DYNI I POMIDORÓW

SKŁADNIKI

8 jaj

2 pomidory

1 balon

1 cebula

Oliwa z oliwek

Sól

ROZWÓJ

Cebulę pokroić w cienkie paski i smażyć na małym ogniu przez 10 minut.

Cukinie i pomidory pokroić w plasterki i podsmażyć na bardzo gorącej patelni. Gdy cukinie i pomidory staną się złociste, pokrój je w cienkie paski. Wymieszaj z cebulą i dopraw solą.

Jajka ubić i wymieszać z warzywami. Dostosuj sól. Dobrze rozgrzej patelnię, rozerwij tortillę na pół tak, aby stykała się z całą powierzchnią patelni i zwiń ją.

SZTUCZKA

Spróbuj z pokrojonym bakłażanem i beszamelem jako dekoracją.

ZIEMNIAKI REVOLCONAS Z TORREZNOSEM

SKŁADNIKI

400 g ziemniaków

1 łyżka papryki

2 plasterki marynowanego boczku do torrezzy

2 ząbki czosnku

mielony pieprz cayenne

Oliwa z oliwek

Sól

ROZWÓJ

Ziemniaki myjemy i gotujemy w garnku, aż dobrze zmiękną. Zachowaj wodę do gotowania.

W międzyczasie smaż pokrojony w kostkę boczek na małym ogniu z bardzo małą ilością oleju przez 10 minut lub do momentu, aż stanie się chrupiący. Usuń torreznozę.

Na tym samym tłuszczu podsmaż drobno posiekany czosnek. Podsmaż także paprykę i dodaj ją do gulaszu ziemniaczanego. Dodaj szczyptę soli i odrobinę mielonego cayenne.

Rozgnieć pałeczkami i w razie potrzeby skrop odrobiną bulionu ziemniaczanego.

SZTUCZKA

Zawsze gotuj ziemniaki w zimnej wodzie, aby zapobiec ich stwardnieniu lub dłuższemu mięknięciu.

OMLETTA Z GRZYBAMI I PARMEZANEM

SKŁADNIKI

8 jaj

300 g pokrojonych w plasterki grzybów

150 g startego parmezanu

4 ząbki czosnku

1 cayenne

Oliwa z oliwek

Sól

ROZWÓJ

Czosnek pokroić w plasterki i podsmażyć razem z cayenne. Na dużym ogniu dodaj grzyby, sól i smaż przez 2 minuty. Zdjąć z ognia. Odcedź grzyby, czosnek i pieprz cayenne.

Dobrze rozgrzej patelnię z oliwą czosnkową. Jajka ubić, doprawić, dodać grzyby, starty parmezan i czosnek. Delikatnie zwiń tortillę w rulon.

SZTUCZKA

Zalać dobrym sosem pomidorowym doprawionym kminkiem.

SUFTY ZIEMNIACZANE

SKŁADNIKI

1 kg ziemniaków tej samej wielkości

2 litry oliwy z oliwek

Sól

ROZWÓJ

Obierz ziemniaki i pokrój je w kwadraty, aż uzyskasz prostokątny kształt. Ziemniaki pokroić mandoliną na grubość około 4 mm. Ułóż je na papierze kuchennym (nie w wodzie) i dobrze osusz.

Na patelni rozgrzewamy olej do temperatury około 150°C (zaczyna stale wrzeć). Dodajemy w kilku porcjach ziemniaki i dokładnie mieszamy gulasz okrężnymi ruchami. Gotuj przez 12 minut lub do momentu, aż zaczną wypływać na powierzchnię. Wyjmij i zachowaj na chłonnym papierze.

Zwiększ ogień do dużego, aż zacznie lekko dymić, i ponownie wrzucaj ziemniaki partiami, mieszając łyżką cedzakową. W tym czasie spęcznieją. Posolić i podawać.

SZTUCZKA

Można je zrobić dzień wcześniej; należy je przechowywać wyłącznie w lodówce, ułożone na papierze kuchennym. Kiedy są już gotowe do spożycia, smaży się je po raz ostatni na bardzo gorącym oleju, aby napęczniały i pozostały chrupiące. Na koniec sól. Bardzo ważne jest, aby ziemniaki były odmiany deszczowej, np. kwaśnej. To działa świetnie.

OMLET

SKŁADNIKI

7 dużych jaj

800 g ziemniaków do smażenia

oliwa z pierwszego tłoczenia

Sól

ROZWÓJ

Obierz ziemniaki. Przekrój je wzdłuż na ćwiartki, a te na cienkie plasterki. Rozgrzej olej na średnim ogniu. Dodać ziemniaki i smażyć, aż będą miękkie i lekko rumiane.

Ubij jajka i sól. Ziemniaki dobrze odsączamy i dodajemy do ubitych jajek. Dostosuj sól.

Bardzo dobrze rozgrzej patelnię, dodaj 3 łyżki oleju ze smażenia ziemniaków i dodaj mieszaninę jajek i ziemniaków. Mieszaj przez 15 sekund na dużym ogniu i obróć talerzem. Ponownie rozgrzej patelnię i dodaj 2 łyżki oleju, aby usmażyć ziemniaki. Dodaj tortille i smaż na dużym ogniu przez 15 sekund. Wyjmij i podawaj.

SZTUCZKA

Aby zapobiec przyklejaniu się tortilli, przed dodaniem oleju należy dokładnie rozgrzać patelnię. Jeśli wolisz dobry twaróg, obrócony i lekko przyrumieniony, zmniejsz ogień i kontynuuj gotowanie, aż Ci smakuje.

KSIĘŻNA ZIEMNIAK

SKŁADNIKI

500 g ziemniaków

60 g masła

3 jajka

gałka muszkatołowa

2 łyżki oliwy z oliwek

Sól i pieprz

ROZWÓJ

Ziemniaki oczyścić, pokroić w ćwiartki i gotować przez 30 minut w osolonej wodzie. Odcedzić i przejść przez młyn.

Dodać cayenne, pieprz, gałkę muszkatołową, masło i 2 żółtka. Dobrze wymieszać.

Za pomocą 2 łyżek natłuszczonych olejem na blasze wyłożonej papierem do pieczenia formuj kopczyki z ziemniaków. Posmaruj innym roztrzepanym jajkiem i piecz w temperaturze 180°C na złoty kolor.

SZTUCZKA

Idealnie jest umieścić puree w rękawie cukierniczym z kędzierzawą końcówką.

KUBAŃSKI RYŻ

SKŁADNIKI

Ryż do pilawu (patrz rozdział Ryż i makaron)

4 jajka

4 banany

Sos pomidorowy (patrz rozdział Zupy i sosy)

Mąka

Oliwa z oliwek

ROZWÓJ

Przygotuj pilaw ryżowy i sos pomidorowy.

Jajka smażymy na dużej ilości gorącego oleju, a żółtko lekko stwardnieje.

Plantany oprósz mąką i smaż, aż staną się lekko złociste.

Na talerze wyłóż ryż, posyp sosem pomidorowym i podawaj z jajkiem sadzonym i bananem.

SZTUCZKA

Smażony banan może przyciągnąć uwagę, ale próba jest częścią oryginalnego przepisu.

Zupa ryżowa z muszlami, muszlami i krewetkami

SKŁADNIKI

800 g ryżu

250 g małży

250 g czystych małży w muszlach

100 g obranych krewetek

2 litry zupy rybnej

1 łyżka miąższu papryki choricero

2 ząbki czosnku

1 cebula

1 starty pomidor

Oliwa z oliwek

Sól

ROZWÓJ

Małże umyj w misce z zimną wodą i 4 łyżkami soli.

Cebulę i ząbki czosnku pokroić na małe kawałki i smażyć na małym ogniu przez 15 minut.

Dodać starte pomidory i paprykę chorizo i dalej smażyć, aż pomidory stracą wodę.

Dodać i smażyć ryż przez 3 minuty. Wlać zupę do poziomu soli i gotować na umiarkowanym ogniu przez około 18 minut lub do momentu, aż ryż będzie ugotowany.

Na ostatnie 3 minuty dodaj małże, przegrzebki i krewetki.

SZTUCZKA

Czyszczenie oznacza zanurzenie w zimnej, słonej wodzie; więc małże lub inne muszle wyrzucą cały piasek i brud, jaki miały.

RYŻ KANTOŃSKI Z KURCZAKIEM

SKŁADNIKI

200 g długiego ryżu

50 g gotowanego groszku

150 ml sosu pomidorowego

½ dl sosu sojowego

2 piersi z kurczaka

2 plasterki ananasa w syropie

1 duża zielona papryka

1 duża cebula dymka

Oliwa z oliwek

Sól i pieprz

ROZWÓJ

Ryż gotujemy w dużej ilości wrzącej wody z solą przez 14 minut. Odcedzić i odświeżyć.

Paprykę i cebulę pokroić w drobną kostkę i smażyć na małym ogniu przez 10 minut. Zwiększ ogień i dodaj kurczaka, przyprawionego i pokrojonego w paski.

Lekko zrumienić i dodać ryż, soję, groszek i ananasa. Pozwól mu zredukować się na małym ogniu, aż wyschnie.

Dodaj pomidory, zwiększ ogień i smaż, aż ryż będzie ugotowany.

SZTUCZKA

Ryż należy usmażyć w ciągu ostatnich 2 minut, kiedy zawartość soi całkowicie się zredukuje. Możesz dodać trochę gotowanych krewetek lub trochę krewetek.

RYŻ W PRZYPADKU

SKŁADNIKI

500 g ryżu

1 ¼ l zupy z kurczakiem lub mięsem

1 kiełbasa

1 kiełbasa

1 kaszanka

1 królik

1 mały kurczak

1 pomidor

10 jaj

Szafran lub barwnik

Oliwa z oliwek

Sól i pieprz

ROZWÓJ

Rozgrzej piekarnik do 220°C. Chorizo, kiełbasę i kaszankę pokroić w drobną kostkę i podsmażyć na patelni na dużym ogniu. Wycofanie i rezerwacja.

Na tym samym oleju podsmaż królika i pokrojonego na kawałki kurczaka. Doprawić solą i pieprzem oraz dodać startego pomidora. Gotuj, aż skończy się woda.

Dodaj kiełbasę i ryż i gotuj przez 2 minuty.

Dopraw zupę solą, dodaj szafran lub barwnik spożywczy i gotuj przez 7 minut na średnim ogniu. Dodaj jajka i piecz przez 13 minut.

SZTUCZKA

Aby jajka bardziej urosły w piekarniku, ubij je lekko bez soli.

RYŻ Z KATALONII

SKŁADNIKI

500 g ryżu

500 g pomidorów

150 g świeżej kiełbasy

150 g mieszanego mięsa mielonego

100 g posiekanej cebuli

1 litr bulionu mięsnego

1 ½ łyżeczki papryki

1 łyżeczka świeżej pietruszki

1 łyżeczka mąki

½ łyżki mąki

3 ząbki czosnku

2 liście laurowe

1 jajko

10 pasm szafranu

cukier

1 łyżka masła

Oliwa z oliwek

Sól i pieprz

ROZWÓJ

Wymieszaj mięso mielone, natkę pietruszki, 1 drobno posiekany ząbek czosnku, jajko, sól i pieprz. Całość zagniatamy i formujemy kulki. Zrumienić na oleju, wyjąć i odstawić.

Na tym samym oleju podsmażamy masło na małym ogniu. Dodać mąkę i ½ łyżeczki papryki i smażyć kolejną minutę. Dodać pokrojone w ćwiartki pomidory i 1 liść laurowy. Przykryj i gotuj na wolnym ogniu przez 30 minut, mieszając, odcedzając i doprawiając solą i cukrem, jeśli to konieczne.

Gotuj pokrojone w plasterki kiełbaski i klopsiki w sosie pomidorowym przez 5 minut.

Osobno podsmażamy pozostałe 2 ząbki czosnku i drobno posiekaną cebulę, dodajemy ryż, 1 łyżeczkę papryki, drugi liść laurowy i mieszamy 2 minuty. Dodaj szafran i wrzący bulion do soli i gotuj przez 18 minut lub do momentu, aż ryż będzie gotowy.

SZTUCZKA

Do tego dania z ryżu możesz także dodać kiełbasę.

Zupa ryżowa z białą fasolą i szwajcarską

SKŁADNIKI

300 g ryżu

250 g białej fasoli

450g szwajcarskiego smogu

½ l rosołu

2 ząbki czosnku

1 starty pomidor

1 cebula

1 łyżeczka papryki

10 pasm szafranu

Oliwa z oliwek

Sól

ROZWÓJ

Zostaw fasolę do namoczenia poprzedniego wieczoru. Gotuj w zimnej, niesolonej wodzie do miękkości. Książka.

Oczyść liście ze smogu i pokrój je na średniej wielkości kawałki. Łodygi są czyszczone, obrane i pokrojone na małe kawałki. Gotuj we wrzącej, osolonej wodzie przez 5 minut lub do miękkości. Odświeżać.

Cebulę i czosnek pokroić na małe kawałki. Ugotuj je na patelni na małym ogniu. Dodać paprykę i szafran. Gotuj przez 30 sekund. Dodaj pomidory, zwiększ ogień i gotuj, aż pomidory stracą całą wodę.

Dodaj ryż i gotuj przez kolejne 2 minuty. Do rosołu wlać 250 ml wody z gotowania fasoli i kolejne 250 ml wody z gotowania maju. Dodać sól i dodać do ryżu. Gotuj 15 minut, dodaj smog i fasolę i gotuj kolejne 3 minuty.

SZTUCZKA

Pod koniec gotowania delikatnie zamieszaj ryż, aby uwolnić skrobię i zagęścić zupę.

RYŻ ZE ŚWIEŻYM TUŃCZYKIEM

SKŁADNIKI

200 g ryżu

250 g świeżego tuńczyka

1 łyżeczka słodkiej papryki

½ l zupy rybnej

4 starte pomidory

3 papryczki piquillo

1 zielona papryka

2 ząbki czosnku

1 cebula

10 pasm szafranu

Sól

ROZWÓJ

Na patelni na dużym ogniu podsmaż pokrojonego tuńczyka. Wycofanie i rezerwacja.

Cebulę, zieloną paprykę i czosnek pokroić na małe kawałki. Smażymy na małym ogniu na tym samym oleju co tuńczyk przez 15 minut.

Dodać szafran, paprykę, średni pieprz i startego pomidora. Gotuj, aż pomidory stracą całą wodę.

Następnie dodaj ryż i gotuj przez kolejne 3 minuty. Zalać solonym bulionem i gotować 18 minut. Około 1 minuty przed ugotowaniem ryżu dodaj ponownie tuńczyka. Odstaw na 4 minuty.

SZTUCZKA

Podczas gotowania tuńczyka należy zachować ostrożność. Jeśli zrobisz go za dużo, będzie bardzo suchy i prawie bez smaku.

RYŻ Z KURCZAKIEM, BEKONEM, MIGDAŁAMI I RODZINKAMI

SKŁADNIKI

300 g ryżu

175 g boczku

150 g prażonych migdałów Granillo

75 g rodzynek

700 ml zupy z kurczaka

1 pierś z kurczaka

10 pasm szafranu

1 zielona papryka

1 czerwona papryka

1 ząbek czosnku

1 starty pomidor

1 cebula dymka

Oliwa z oliwek

Sól i pieprz

ROZWÓJ

Mostek pokroić na średniej wielkości kawałki, doprawić solą i pieprzem i smażyć na dużym ogniu. Wycofanie i rezerwacja. Na tym samym oleju podsmażamy pokrojony w kostkę boczek. Wycofanie i rezerwacja.

Wszystkie warzywa oprócz pomidorów pokroić na małe kawałki. Gotować na małym ogniu przez 15 minut. Dodaj szafran i paprykę. Smaż przez 30 sekund. Dodajemy startego pomidora i smażymy na dużym ogniu aż cała woda odparuje.

Dodaj ryż i gotuj przez 3 minuty, ciągle mieszając. Dodać kurczaka, rodzynki i boczek. Dodaj zupę do punktu soli i gotuj przez 18 minut. Odstaw na 4 minuty i podawaj z migdałami na wierzchu.

SZTUCZKA

Aby rodzynki były delikatniejsze, zaleca się namoczyć je w wodzie lub odrobinie rumu.

RYŻ Z DORSZA I BIAŁĄ FASOLĄ

SKŁADNIKI

200 g ryżu

250 g solonego dorsza

125 g gotowanej białej fasoli

½ l zupy rybnej

1 cebula dymka

1 ząbek czosnku

1 starty pomidor

1 zielona papryka

10 pasm szafranu

Oliwa z oliwek

Sól

ROZWÓJ

Cebulę dymkę, czosnek i paprykę pokroić w drobną kostkę i smażyć na małym ogniu przez 15 minut. Dodaj szafran i startego pomidora i gotuj, aż w pomidorach pozostanie ledwie woda.

Dodaj ryż i gotuj przez 3 minuty. Wlać bulion do punktu soli i gotować przez około 16 minut. Dodaj dorsza i fasolę. Gotuj przez kolejne 2 minuty i odstaw na 4 minuty.

SZTUCZKA

Można go wstawić do piekarnika już przy pierwszym zagotowaniu, aby ryż był całkowicie suchy. Wystarczy 18 minut w temperaturze 200°C.

RYŻ Z HOMUSEM

SKŁADNIKI

250 g ryżu

150 g małży

¾ l bulionu rybnego (patrz rozdział Zupy i sosy)

1 duży homar

1 łyżka posiekanej natki pietruszki

2 starte pomidory

1 cebula

1 ząbek czosnku

10 pasm szafranu

Oliwa z oliwek

Sól

ROZWÓJ

Podziel homara na pół. Małże płuczemy w zimnej wodzie z dużą ilością soli przez 2 godziny.

Smażymy homara z obu stron na odrobinie oleju. Zarezerwuj i dodaj cebulę i czosnek pokrojone w małe kawałki na tym samym oleju. Smaż przez 10 minut na małym ogniu.

Dodaj szafran, gotuj przez 30 sekund, zwiększ ogień i dodaj pomidory. Gotuj, aż pomidory stracą całą wodę.

Dodaj ryż i gotuj przez 2 minuty. Wlać wrzący bulion, który będzie posolony i gotować przez kolejne 14 minut. Dodaj małże i mięso homara stroną do dołu. Pozostaw pod przykryciem na 4 minuty.

SZTUCZKA

Aby zrobić ten słodki ryż, należy dostarczyć trzy razy większą ilość bulionu niż ryżu. A jeśli chcesz, żeby to była zupa, musisz dodać cztery razy więcej bulionu niż ryżu.

Ryż grecki

SKŁADNIKI

600 g ryżu

250 g świeżej kiełbasy

100 g boczku pokrojonego na małe kawałki

100 g czerwonej papryki

100 g cebuli

50 g grochu

1 litr bulionu mięsnego

1 liść laurowy

1 gałązka tymianku

Sól i pieprz

ROZWÓJ

Cebulę i czerwoną paprykę pokroić w drobną kostkę i podsmażyć na umiarkowanym ogniu.

Kiełbasę pokroić na kawałki i dodać do sosu cebulowo-paprykowego. Dodaj boczek i gotuj przez 10 minut.

Dodać ryż i wymieszać bulion z solą, groszkiem i ziołami. Dopraw solą i pieprzem i gotuj na małym ogniu przez kolejne 15 minut.

SZTUCZKA

Możemy użyć papryczek piquillo; Dodadzą idealnej nuty słodyczy.

CHLEB RYŻOWY

SKŁADNIKI

600 g ryżu

500 g pomidorów

250 g czystych grzybów

150 g masła

90 g cebuli

75 g startego parmezanu

1 i ¼ bulionu mięsnego

12 pasm szafranu

Sól

ROZWÓJ

Smaż pokrojoną w plasterki cebulę na małym ogniu na maśle przez 10 minut. Dodaj pomidory pokrojone na małe kawałki i smaż przez kolejne 10 minut lub do momentu, aż pomidory stracą wodę.

Dodaj ryż i gotuj przez 2 minuty. Następnie dodajemy pokrojone w plasterki grzyby i szafran.

Dodaj wrzący bulion do poziomu soli i gotuj przez około 18 minut lub do momentu, aż ryż będzie miękki. Dodać ser i wymieszać.

SZTUCZKA

Jeśli szafran lekko upieczemy w folii aluminiowej i rozgnieciemy w moździerzu z solą, szafran rozłoży się równomiernie.

Szalony ryż z owocami morza

SKŁADNIKI

500 g bomby lub okrągłego ryżu

1 ½ l zupy rybnej

1 cebula

1 czerwona papryka

1 zielona papryka

1 duży starty pomidor

2 ząbki czosnku

8 pasm szafranu

8 kalmarów

Różne skorupiaki (langusty, karabinieri itp.)

Oliwa z oliwek

Sól

ROZWÓJ

Przygotuj zupę rybną z ościami, głowami ryb i małżami. Zrób to, gotując wszystko razem przez 25 minut na małym ogniu, z wystarczającą ilością wody, aby je przykryć podczas gotowania. Odcedź i dodaj sól.

W międzyczasie cebulę, paprykę i czosnek pokroić w kostkę i podsmażyć na odrobinie oleju. Dodaj pokrojoną w plasterki młodą kalmary i smaż na dużym ogniu przez 2 minuty. Dodaj startego pomidora i gotuj, aż straci wodę.

Dodaj ryż i gotuj. Dodać szafran, bulion, sól i gotować na średnim ogniu przez 18 minut.

W razie potrzeby na ostatnie 2 minuty dodaj dobrze oczyszczone i wstępnie zgrillowane małże. Pozwól mu odpocząć przez 5 minut.

SZTUCZKA

Jeśli do fumetu dodamy odrobinę ñoras, zupa będzie smaczniejsza i będzie miała ładny kolor.

RYŻ TRZY SŁODYCZE

SKŁADNIKI

400 g ryżu

150 g gotowanej szynki

150 g grochu

3 marchewki

3 jajka

Oliwa z oliwek

Sól

ROZWÓJ

Ryż podsmaż na odrobinie oleju, a następnie ugotuj we wrzącej, osolonej wodzie.

W międzyczasie obieramy marchewki, kroimy je na małe kawałki i smażymy na dużym ogniu. Groszek gotuj przez 12 minut we wrzącej, osolonej wodzie. Odcedź i odśwież.

Zrób francuski omlet z 3 jajek. Ugotowaną szynkę pokroić w drobną kostkę i wymieszać z ryżem. Smaż przez 5 minut na małym ogniu. Dodać marchewkę, groszek i pokrojone w cienkie plasterki tortille.

SZTUCZKA

Do tego przepisu lepiej będzie użyć ryżu długoziarnistego. Trzeba go gotować z odpowiednią ilością wody.

RYŻ MEDIOLANSKI Z PANCHICEM

SKŁADNIKI

500 g ryżu bombowego

2 kuropatwy

1 cebula

1 czerwona papryka

1 zielona papryka

1 marchewka

2 ząbki czosnku

2 łyżki pieczonych pomidorów

1 liść laurowy

tymianek

Koniak

Oliwa z oliwek

Sól i pieprz

ROZWÓJ

Kuropatwy pokroić i przyprawić. Smażymy je w garnku na dużym ogniu. Wycofanie i rezerwacja. Na tym samym oleju podsmaż paprykę, cebulę, czosnek i marchewkę, wszystko drobno posiekane.

Dodaj smażone pomidory i brandy i poczekaj, aż zgęstnieje. Następnie dodać tymianek, liść laurowy i kuropatwy. Zalać wodą ze szczyptą soli i dusić, aż kuropatwy będą miękkie.

Kiedy kuropatwy są miękkie, wyjmujemy je z zupy, pozostawiając w tym samym garnku jedynie półtora litra zupy.

Posolić zupę i ponownie dodać ryż i kuropatwę. Gotuj około 18 minut i na koniec delikatnie mieszaj ryż, aż stanie się miękki.

SZTUCZKA

Ten przepis można przygotować na noc. Trzeba będzie dodać tylko ryż.

RISOTT ZE SZPARAGAMI I ŁOSOSEM

SKŁADNIKI

240 g ryżu drzewiastego

150 g parmezanu

600 cl bulionu mięsnego

1 kieliszek białego wina

2 łyżki masła

4 dzikie szparagi

1 cebula

4 plastry wędzonego łososia

ROZWÓJ

Smaż posiekaną cebulę na 1 łyżce masła przez 10 minut na małym ogniu. Dodaj ryż i gotuj przez kolejną 1 minutę. Wlać wino i poczekać, aż całkowicie odparuje.

W międzyczasie pokrój szparagi w małe plasterki i ugotuj je na parze. książka

Zagotuj zupę do momentu, aż będzie słona i dodaj ją do ryżu (powinien znajdować się palec nad ryżem). Gotuj na małym ogniu, ciągle mieszając, gdy płyn odparuje, dodaj kolejną porcję zupy.

Gdy ryż będzie już prawie ugotowany (zawsze powinno być trochę zupy), dodajemy podsmażone szparagi i plasterki wędzonego łososia.

Na koniec dodajemy parmezan, kolejną łyżkę masła i mieszamy. Przed podaniem odstaw na 5 minut.

SZTUCZKA

Wino może być również czerwone, różowe lub cava. Ryż można przygotować wcześniej. Aby to zrobić, wystarczy ugotować ryż przez 10 minut, zamrozić, aż ostygnie i przechowywać w lodówce. Gdy chcemy go przygotować wystarczy zalać gorącym bulionem i poczekać aż ryż się ugotuje.

RYŻ Z MIĘSEM, ciecierzycą i szpinakiem

SKŁADNIKI

300 g ryżu

250 g gotowanej ciecierzycy

250 g świeżego szpinaku

450 g kawałków żabnicy

Zupa rybna 750 ml

10 pasm szafranu

2 ząbki czosnku

1 cebula dymka

1 starty pomidor

1 łyżeczka papryki

Oliwa z oliwek

Sól i pieprz

ROZWÓJ

Doprawiamy solą i pieprzem i smażymy na gorącej patelni do paelli. Książka.

Drobno posiekaj cebulę i czosnek. Gotuj na małym ogniu przez 10 minut na tej samej patelni, na której przygotowywałam przegrzebek. Dodać posiekany szpinak i smażyć kolejne 3 minuty.

Dodaj paprykę i szafran i gotuj przez 30 sekund. Dodaj startego pomidora i gotuj, aż straci całą wodę.

Dodaj ryż i gotuj przez 2 minuty. Dodaj zupę do punktu soli i gotuj przez 15 minut. Dodaj mochetę i ciecierzycę i gotuj przez kolejne 3 minuty.

SZTUCZKA

Reszta ryżu jest niezbędna. Przed podaniem należy odczekać co najmniej 4 minuty.

RYŻ LUB CALDEIRO

SKŁADNIKI

200 g ryżu

150 g chudej wieprzowiny

150 g żeberek wieprzowych

¼ królika

¼ l zupy mięsnej lub kurczaka

10 pasm szafranu

2 starte pomidory

2 ząbki czosnku

1 mała czerwona papryka

1 cebula

Oliwa z oliwek

Sól i pieprz

ROZWÓJ

Posolić, pieprzyć i podsmażyć na dużym ogniu wieprzowinę, królika i pokrojone w plasterki żeberka. Wycofanie i rezerwacja.

Na tym samym oleju, na małym ogniu, smaż cebulę, paprykę i czosnek pokrojony w drobną kostkę przez 15 minut. Dodać szafran i startego pomidora. Gotuj, aż pomidory stracą całą wodę.

Dodaj ryż i gotuj przez 2 minuty. Wlać zupę do soli i gotować przez kolejne 18 minut.

SZTUCZKA

Ryż powinien być słodki. Jeśli nie, pod koniec gotowania dodaj trochę więcej bulionu i delikatnie zamieszaj.

CZARNY RYŻ Z KALARMARKĄ

SKŁADNIKI

400 g ryżu

1 litr zupy rybnej

16 oczyszczonych krewetek

8 kalmarów

1 ząbek czosnku

2 łyżki sosu pomidorowego

8 kopert z atramentem kałamarnicy

½ cebuli

½ zielonej papryki

½ czerwonej papryki

½ kieliszka białego wina

Oliwa z oliwek

Sól

ROZWÓJ

Drobno posiekaj cebulę, czosnek i paprykę, podsmaż wszystko razem na patelni na małym ogniu, aż warzywa zmiękną.

Dodaj czyste młode kalmary, pokrojone na średnie kawałki i gotuj na dużym ogniu przez 3 minuty. Dodaj sos pomidorowy i gotuj przez kolejne 5 minut.

Wlać wino i pozostawić do całkowitego rozcieńczenia. Dodaj torebki ryżu i atrament i smaż przez kolejne 3 minuty.

Wlać wrzący bulion do poziomu soli i piec w temperaturze 200°C przez 18 minut lub do suchości. Na ostatnie 5 minut dodaj krewetki i pozwól im odpocząć przez kolejne 5 minut przed podaniem.

SZTUCZKA

Pod koniec ugotowanego ryżu łatwiej je dopasować. Następnie popij dobrym aioli.

PILAWA RYŻOWA

SKŁADNIKI

300 g ryżu okrągłoziarnistego

120 g masła

60 g cebuli

600 ml rosołu (lub wrzącej wody)

2 ząbki czosnku

1 gałązka tymianku, pietruszki i liścia laurowego

ROZWÓJ

Cebulę i czosnek pokroić w brunoise i podsmażyć na maśle, nie barwiąc ich.

Kiedy zacznie robić się przezroczysty, dodaj bukiet garni i ryż. Smażyć, aż ryż dobrze nasiąknie tłuszczem maślanym. Dodajemy bulion lub wrzącą wodę do poziomu soli i mieszamy.

Gotuj przez 6 do 7 minut na dużym ogniu, następnie zmniejsz ogień do minimum, przykryj i gotuj przez kolejne 12 minut.

SZTUCZKA

Można go piec w piekarniku przez 12 minut w temperaturze 200°C, aż do wyschnięcia. Ryż ten służy jako danie główne lub jako dodatek do mięs i ryb.

Makaron z ryb i owoców morza

SKŁADNIKI

400 g cienkiego makaronu

350 g pomidorów

250 g żabnicy

Komin 800ml

4 krewetki

1 mała cebula

1 zielona papryka

2 ząbki czosnku

1 łyżka papryki

10 pasm szafranu

Oliwa z oliwek

Sól i pieprz

ROZWÓJ

Makaron zrumienić na oleju w paelli lub zapiekance. Usuń i zarezerwuj.

Na tym samym oleju podsmaż ozory i przegrzebki z pieprzem. Usuń i zarezerwuj.

Na tym samym oleju podsmaż cebulę, paprykę i drobno posiekany czosnek. Dodać paprykę, szafran i starty pomidor i smażyć przez 5 minut.

Dodać makaron i wymieszać. Wlać bulion do poziomu soli i gotować na umiarkowanym ogniu przez 12 minut lub do momentu, aż bulion odparuje. Gdy do końca gotowania pozostały 3 minuty, dodaj langache i spakę morską.

SZTUCZKA

Następnie dodaj czarne aioli. Aby to zrobić, wystarczy zrobić proste aioli i wymieszać je z małą torebką atramentu z kałamarnicy.

MAKARON PUTANESCA

SKŁADNIKI

1 puszka anchois 60 g

2 ząbki czosnku

2 łyżki kaparów

2 lub 3 duże pomidory, starte

20 czarnych oliwek bez pestek

1 cayenne

cukier

Oregano

Parmezan

ROZWÓJ

Podsmaż posiekane anchois na oleju z pudełka na małym ogniu, aż prawie znikną. Dodać czosnek pokruszony na bardzo małe kawałki i smażyć na małym ogniu przez 4 minuty.

Dodać pokrojone w plasterki kapary, starte pomidory oraz wydrylowane i pokrojone na ćwiartki oliwki. Gotuj razem z pieprzem cayenne około 10 minut na średnim ogniu (po ugotowaniu sos usuń) i w razie potrzeby dodaj cukier. Dodaj oregano i parmezan do smaku.

Ugotuj dowolny rodzaj makaronu i przykryj putanescą.

SZTUCZKA

Do jego przygotowania można dodać trochę startej marchewki i czerwonego wina.

CANNELLOS Z SZPINAKIEM I KRÓLOWĄ

SKŁADNIKI

500 g szpinaku

200 g twarogu

75 g startego parmezanu

50 g prażonych orzeszków piniowych

16 talerzy makaronowych

1 ubite jajko

Sos pomidorowy (patrz rozdział Zupy i sosy)

Sos beszamelowy (patrz rozdział Zupy i sosy)

Sól

ROZWÓJ

Ugotuj płaty makaronu w dużej ilości wrzącej wody. Wyjąć, odświeżyć i wysuszyć na czystej ściereczce.

Szpinak gotujemy we wrzącej, osolonej wodzie przez 5 minut. Odcedzić i odświeżyć.

W misce wymieszaj sery, orzeszki piniowe, szpinak, jajko i sól. Napełnij cannelloni powstałą mieszanką i nadaj im cylindryczny kształt.

Na blasze kładziemy bazę sosu pomidorowego, układamy cannelloni i wykańczamy beszamelem. Piec 40 minut w temperaturze 185°C.

SZTUCZKA

Do nadzienia możesz użyć dowolnego rodzaju sera i dodać go do Burgos, aby dodać tekstury i gładkości.

MORSKA SPAGHETTA

SKŁADNIKI

400 g spaghetti

500 g małży

1 cebula

2 ząbki czosnku

4 łyżki wody

1 mały pomidor

1 mały kieliszek białego wina

½ kilo

Oliwa z oliwek

Sól

ROZWÓJ

Muszle namocz w zimnej wodzie z dużą ilością soli na 2 godziny, aby dokładnie oczyścić je z resztek brudu.

Gotujemy je oczyszczone w naczyniu zalanym 4 łyżkami wody i kieliszkiem wina. Gdy tylko się otworzą, wyjmij je i zachowaj wodę z gotowania.

Smaż cebulę i czosnek pokrojony w małe kawałki przez 5 minut. Dodać pokrojone w kostkę pomidory i smażyć kolejne 5 minut. Dodaj chili i gotuj, aż wszystko się dobrze wymiesza.

Zwiększ ogień i dodaj wodę z gotowania małży. Gotuj przez 2 minuty, aż wino straci cały alkohol i dodaj małże. Gotuj przez kolejne 20 sekund.

Spaghetti ugotować osobno, odcedzić i bez studzenia doprawić sosem i małżami.

SZTUCZKA

Do tego dania można dodać także kilka kostek małży, krewetek czy małży. Wynik jest równie dobry.

ŚWIEŻY MAKARON LASAGNE FLORENCJA

SKŁADNIKI

Do arkuszy makaronu

100 g mąki

2 jajka

Sól

Do sosu pomidorowego

500 g dojrzałych pomidorów

250 g cebuli

1 ząbek czosnku

1 mała marchewka

1 mały kieliszek białego wina

1 gałązka tymianku, rozmarynu i liścia laurowego

1 końcówka szynki

Do sosu Mornay

80 g mąki

60 g startego parmezanu

80 g masła

1 litr mleka

2 żółtka

gałka muszkatołowa

Sól i pieprz

inne składniki

150 g czystego szpinaku

Starty parmezan

ROZWÓJ

Do arkuszy makaronu

Na stolnicę rozsyp mąkę w kształcie wulkanu, na środek połóż szczyptę soli i jajko. Mieszaj palcami.

Zagnieść dłonią, uformować kulę, przykryć wilgotną ściereczką i odstawić do lodówki na 30 minut. Rozwałkować bardzo cienko wałkiem do ciasta, pokroić, ugotować i odświeżyć.

Do sosu pomidorowego

Cebulę, czosnek i marchewkę pokroić w paski julienne i podsmażyć razem z wierzchnią częścią szynki. Dodaj wino i pozwól mu się zredukować. Dodać pokrojone w ćwiartki pomidory oraz zioła i przykryć. Gotuj przez 30 minut. Dostosuj sól i cukier. Wyjąć zioła i szynkę, wymieszać.

Do sosu Mornay

Przygotuj beszamel (patrz rozdział Zupy i sosy), używając podanych powyżej gramów. Zestawić z ognia żółtka i ser.

Na końcu

Szpinak pokroić w cienkie paski julienne i gotować we wrzącej wodzie przez 5 minut. Ostudzić i dobrze odsączyć. Wymieszaj z sosem Mornay.

Na dnie naczynia podajemy sos pomidorowy, następnie dodajemy świeży makaron i na koniec doprawiamy szpinakiem. Powtórz operację 3 razy. Na koniec polej sosem Mornay i startym parmezanem. Piec w temperaturze 180°C przez 20 minut.

SZTUCZKA

Aby zaoszczędzić czas, możesz kupić arkusze lasagne.

SPAGHETTI Z SOSEM CARBONARA

SKŁADNIKI

400 g makaronu

100 g boczku

80 g parmezanu

2 jajka

Oliwa z oliwek

sól i czarny pieprz

ROZWÓJ

Boczek pokroić w paski i podsmażyć na rozgrzanej patelni z odrobiną oleju. Książka.

Ugotuj spaghetti we wrzącej wodzie z dodatkiem soli. W międzyczasie ubić żółtka z 2 jaj, dodać starty ser, szczyptę soli i pieprzu.

Makaron odcedzić, nie studząc, i wymieszać z ubitymi jajkami. Gotuj na własnym ogniu makaronu. Dodać pancettę i podawać z tartym serem i pieprzem.

SZTUCZKA

Dobrą bezę można zrobić z białek jaj.

CANELLOS MIĘSNE Z BEZAMELEM PIECZARKOWYM

SKŁADNIKI

300 g grzybów

200 g wołowiny

12 talerzy cannelloni lub świeżego makaronu (100 g mąki, 1 jajko i sól)

80 g parmezanu

½ litra mleka

1 cebula

1 zielona papryka

2 ząbki czosnku

1 szklanka sosu pomidorowego

2 marchewki

40 g mąki

40 g masła

białe wino

Oregano

gałka muszkatołowa

Sól i pieprz

ROZWÓJ

Warzywa pokroić na małe kawałki i podsmażyć. Dodać mięso i smażyć dalej, aż cielęcina straci różowy kolor. Pora roku. Dodaj białe wino i poczekaj, aż zgęstnieje. Dodaj sos pomidorowy i gotuj przez 30 minut. Dodaj trochę oregano i ostudź.

Osobno przygotuj beszamel z masła, mąki, mleka i gałki muszkatołowej (patrz rozdział Zupy i sosy). Następnie podsmaż grzyby i wymieszaj je z beszamelem.

Ugotuj talerze cannelloni. Napełnij makaron mięsem i zwiń. Smaży się je z grzybowym beszamelem i posypuje tartym parmezanem. Piec w temperaturze 190°C przez 5 minut i grillować.

SZTUCZKA

Aby zapobiec ich rozpadaniu, zawsze przełamuj cannelloni, gdy jest zimne. Następnie porcje będą musiały zostać jedynie podgrzane w piekarniku.

GRUPA KALMARNI I BŁOTA

SKŁADNIKI

dla beszamelu

50 g masła

50 g mąki

1 litr mleka

gałka muszkatołowa

Sól

sos pieprzowy

2 duże czerwone papryki

1 mała cebula

Oliwa z oliwek

cukier

Sól

Do nadzienia

400 g granika

250 g kalmarów

1 duża cebula

1 duża czerwona papryka

wstępnie ugotowane arkusze lasagne

ROZWÓJ

dla beszamelu

Beszamel powstaje poprzez smażenie mąki z masłem i dodanie mleka. Gotuj przez 20 minut, ciągle mieszając, dopraw solą i gałką muszkatołową.

sos pieprzowy

Paprykę upiec i po ugotowaniu odstawić pod przykryciem na 15 minut.

W międzyczasie na dużej ilości oleju podsmaż pokrojoną w plasterki cebulę. Paprykę oczyścić, dodać do cebuli i smażyć przez 5 minut. Usuń odrobinę oleju i wymieszaj.

W razie potrzeby dostosuj sól i cukier.

Do nadzienia

Podsmaż cebulę i paprykę w julienne i dodaj granika. Smaż przez 3 minuty na dużym ogniu i dodaj kalmary. Gotuj do miękkości.

Na blaszce z beszamelem ułóż warstwę makaronu lasagne. Napełnij rybą. Powtórz operację 3 razy.

Wykończyć beszamelem i piec przez 30 minut w temperaturze 170°C.

Podaje się go z sosem pieprzowym na wierzchu.

SZTUCZKA

Jeśli do beszamelu dodasz trochę ugotowanej i rozgniecionej marchewki, będzie smaczniejszy.

MIESZANA PAELLA

SKŁADNIKI

300 g ryżu

200 g małży

125 g kalmarów

125 g krewetek

Zupa rybna 700ml

½ plasterka kurczaka

¼ królika pokrojonego w plasterki

1 gałązka rozmarynu

12 pasm szafranu

1 pomidor

1 cebula dymka

½ czerwonej papryki

½ zielonej papryki

1 ząbek czosnku

Oliwa z oliwek

Sól i pieprz

ROZWÓJ

Kurczaka i królika pokroić, doprawić i smażyć na dużym ogniu. Wycofanie i rezerwacja.

Na tym samym oleju podsmaż cebulę dymkę, paprykę i drobno posiekany czosnek przez 10 minut. Dodaj szafran i smaż przez 30 sekund. Dodaj startego pomidora i gotuj, aż straci całą wodę. Zwiększ ogień i dodaj posiekane kalmary. Gotuj przez 2 minuty. Dodać ryż, smażyć 3 minuty i zalać bulionem, aż stanie się słony.

Otwórz małże w garnku zalanym niewielką ilością wody. Wyjdź i zarezerwuj, gdy tylko się otworzą.

Rozgrzej piekarnik do 200°C i piecz przez około 18 minut lub do momentu, aż ryż będzie suchy. W ostatniej chwili dodaj krewetki. Wyjmij i rozłóż małże na wierzchu. Przykryj ściereczką i odstaw na 4 minuty.

SZTUCZKA

Dodając sól do zup z suchego ryżu, zawsze dodawaj trochę więcej soli niż zwykle.

WARZYWNA LASAGNA Z MIELONYM SEREM I KMINKIEM

SKŁADNIKI

3 duże marchewki

2 duże cebule

1 duża czerwona papryka

1 duży bakłażan

1 duża dynia

1 szklanka serka Philadelphia

Startego sera

mielony kminek

makaron do lasagne

Sos beszamelowy

ROZWÓJ

Warzywa pokroić na małe kawałki i podsmażyć w następującej kolejności: marchew, cebula, papryka, bakłażan i cukinia. Pomiędzy każdym z nich pozostaw odstęp 3 minut. Po usmażeniu dodać ser i kminek do smaku. Książka.

Makaron lasagne ugotuj zgodnie z instrukcją producenta oraz przygotowując beszamel (patrz rozdział Zupy i sosy).

Ułóż warstwę beszamelu, drugą warstwę makaronu lasagne, a następnie warzywa w żaroodpornej formie do pieczenia. Czynność tę powtórz 3 razy i na koniec połóż warstwę beszamelu i startego sera. Piec w temperaturze 190°C, aż ser stanie się złotobrązowy.

SZTUCZKA

Do smarowania dostępna jest szeroka gama świeżych serów. Można go przygotować z jakiejś kozy, ziół, łososia itp.

TITEI Z JOGURTEM I TUŃCZYKIEM

SKŁADNIKI

400 g makaronu

50 g parmezanu

2 łyżki serka śmietankowego

1 łyżka oregano

2 puszki tuńczyka w oleju

3 jogurty

Sól i pieprz

ROZWÓJ

W dzbanku blendera wymieszaj surowego tuńczyka, ser, jogurt, oregano, parmezan, sól i pieprz. Książka.

Makaron ugotować w dużej ilości osolonej wody i odcedzić, nie studząc. Gorący makaron polej sosem i podawaj.

SZTUCZKA

Z tego sosu możesz przygotować zimną sałatkę makaronową bez konieczności stosowania majonezu.

GNOCCHI ZIEMNIACZANE Z SOSEM Z SEREM PŁASKIM I PISTACJAMI

SKŁADNIKI

1 kg ziemniaków

250 g mąki

150 g śmietanki

100 g sera pleśniowego

30 g pistacji łuskanych

1 kieliszek białego wina

1 jajko

gałka muszkatołowa

Sól i pieprz

ROZWÓJ

Ziemniaki myjemy i gotujemy razem ze skórką i solą przez 1 godzinę. Odcedź i ostudź, aby móc je oczyścić. Przecedź przez maszynkę do ziemniaków, dodaj jajko, sól, pieprz, gałkę muszkatołową i mąkę. Ugniataj, aż przestanie kleić się do dłoni. Pozwól mu odpocząć przez 10 minut. Następnie podziel ciasto na małe kulki (gnocchi).

Ugotuj ser pleśniowy w winie i mieszaj, aż wino prawie całkowicie się zredukuje. Dodać śmietanę i gotować 5 minut. Dopraw solą i pieprzem, dodaj pistacje.

Ugotuj gnocchi w dużej ilości wrzącej wody, odcedź i zalej.

SZTUCZKA

Gnocchi są ugotowane, gdy zaczną pływać.

MAKARON Z ŁOSOSIEM GAZOWANYM

SKŁADNIKI

400 g spaghetti

300 g łososia

60 g parmezanu

200 ml płynnej śmietanki

1 mała cebula

2 jajka

Oliwa z oliwek

Sól i mielony czarny pieprz

ROZWÓJ

Ugotuj spaghetti w dużej ilości osolonej wody. W międzyczasie zetrzyj ser i pokrój łososia na kawałki.

Cebulę podsmaż na odrobinie oleju, dodaj łososia i śmietanę. Gotuj, aż łosoś będzie ugotowany, dopraw solą i pieprzem. Po zdjęciu z ognia dodać jajka i starty parmezan.

Świeżo przygotowane spaghetti podawane jest z carbonarą.

SZTUCZKA

Jeśli do tego sosu dodamy trochę boczku, będzie on świetną posypką do pieczonego bakłażana.

MAKARON Z JURCHEI

SKŁADNIKI

400 g makaronu

300 g czystych borowików

200 g płynnej śmietanki

1 ząbek czosnku

1 kieliszek brandy

Sól

ROZWÓJ

Makaron ugotować w dużej ilości osolonej wody. Odcedź i odśwież.

Podsmaż drobno posiekany ząbek czosnku i dodaj pokrojone w plasterki grzyby. Gotuj na dużym ogniu przez 3 minuty. Dodaj brandy i poczekaj, aż będzie prawie sucha.

Dodać śmietanę i gotować kolejne 5 minut. Na talerzu ułożyć makaron i sos.

SZTUCZKA

Jeśli sezon na borowiki nie jest sezonowy, świetną opcją będą suszone grzyby.

GRILLOWANA PIZZA

SKŁADNIKI

Do stołu

250 g mąki

125 g ciepłej wody

15 g świeżo wyciskanych drożdży

Oliwa z oliwek

Sól

Sos barbecue

1 szklanka pieczonych pomidorów

1 szklanka ketchupu

½ szklanki octu

1 łyżeczka oregano

1 łyżeczka tymianku

1 łyżeczka kminku

1 ząbek czosnku

1 puszka Coca Coli

1 posiekana cayenne

½ cebuli

Oliwa z oliwek

Sól i pieprz

inne składniki

Mielona wołowina (do smaku)

Plasterki piersi z kurczaka (do smaku)

posiekany boczek (do smaku)

różne tartego sera

ROZWÓJ

Do stołu

Do miski wsypać mąkę ze szczyptą soli i zrobić wulkan. Dodać odrobinę oleju, wodę, pokruszone drożdże i wyrabiać 10 minut. Przykryj ściereczką lub folią spożywczą i odstaw na 30 minut.

Gdy ciasto podwoi swoją początkową objętość, oprósz stół roboczy mąką i rozprowadź na okrągły kształt.

Sos barbecue

Drobno posiekaj cebulę i czosnek i podsmaż. Dodać pieczone pomidory, ketchup, ocet i gotować 3 minuty. Dodać cayenne, oregano, tymianek i kminek. Wymieszaj i dodaj puszkę Coca-Coli. Gotuj, aż uzyskasz gęstą konsystencję.

Na końcu

Na patelni podsmaż mięso, kurczaka i boczek.

Przykryj blachę papierem do pieczenia i połóż na niej ciasto. Dodać warstwę sosu barbecue, kolejną warstwę sera, kolejną warstwę mięsa, kolejną warstwę sera i zakończyć warstwą sosu.

Rozgrzej piekarnik do 200 stopni i piecz pizzę przez około 15 minut.

SZTUCZKA

Nie nakładać na wierzch zbyt dużej ilości nadzienia, gdyż ciasto nie będzie się dobrze piecze i będzie surowe.

RISOTT Z BIAŁĄ KIEŁBASZKĄ Z CZERWONYM WINEM I ROGULĄ

SKŁADNIKI

240 g brązowego ryżu (70 g na osobę)

150 g parmezanu

100 g świeżej rukoli

600 ml bulionu mięsnego lub drobiowego

2 białe kiełbaski niemieckie

2 łyżki masła

1 cebula

1 ząbek czosnku

1 kieliszek czerwonego białego wina

Oliwa z oliwek

Sól

ROZWÓJ

Obierz i pokrój cebulę i ząbek czosnku na małe kawałki. Smażyć na 1 łyżce masła przez 10 minut na małym ogniu. Dodaj ryż i gotuj przez kolejną 1 minutę. Dodaj wino i poczekaj, aż całkowicie odparuje.

Zalać wrzącą zupą i solą (1 palec nad ryżem). Ciągle mieszaj, w miarę wyczerpywania się wody dodawaj więcej bulionu.

Kiełbasę pokroić w małe plasterki i podsmażyć na patelni. Gdy ryż będzie już prawie ugotowany i lekko zupny, dodaj smażone kiełbaski.

Na koniec dodajemy parmezan, kolejną łyżkę masła i mieszamy. Odstaw na 5 minut. Tuż przed podaniem na wierzchu ułóż rukolę.

SZTUCZKA

Najlepszy ryż do tego dania to arborio lub carnaroli.

MAKARON Z KREWETKAMI, WARZYWAMI I BATONAMI SOJOWYMI

SKŁADNIKI

400 g makaronu

150 g obranych krewetek

5 łyżek sosu sojowego

2 marchewki

1 balon

1 porucznik

Oliwa z oliwek

Sól

ROZWÓJ

Makaron ugotować w dużej ilości wrzącej, osolonej wody. Odcedź i odśwież.

W międzyczasie obierz i pokrój pory w długie, cienkie słupki. Cukinię i marchewkę pokroić obieraczką do ziemniaków.

Warzywa smażymy na rozgrzanej patelni z odrobiną oleju przez 2 minuty. Dodaj krewetki i smaż przez kolejne 30 sekund. Dodaj soję i makaron i gotuj przez kolejne 2 minuty.

SZTUCZKA

Sosu nie trzeba solić, gdyż jest go już dużo w sosie sojowym.

PIECZONE Z MAKARONEM Z KREWETKAMI I KREWETKAMI

SKŁADNIKI

1 kg mątwy

400 g cienkiego makaronu

1 litr zupy rybnej

16 oczyszczonych krewetek

3 ząbki czosnku

1 łyżka papryki

¼ litra oliwy z oliwek

ROZWÓJ

Mątwę pokroić w kawałki i podsmażyć razem z czosnkiem na patelni. Książka.

Makaron dobrze podsmaż na dużej ilości oleju. Gdy będzie złote, wyjąć i odcedzić.

Na patelnię z paellą dodaj makaron, dodaj paprykę i smaż przez 5 sekund. Wylać na spód, dodać podsmażony czosnek i mątwy.

Gdy makaron będzie już prawie gotowy, dodaj krewetki. Odstaw na 3 lub 4 minuty i podawaj na gorąco.

SZTUCZKA

Najbardziej typowe jest dodanie do tego dania sosu aioli.

TITEI Z WIEPRZOWNĄ HIN W CABRALES

SKŁADNIKI

250 g makaronu

200 g sera Cabrales

125 ml białego wina

¾ l śmietanki

4 paski steku z polędwicy

Oliwa z oliwek

Sól i pieprz

ROZWÓJ

Tył pokroić w cienkie paski. Doprawiamy solą i pieprzem i pieczemy na rozgrzanej patelni. Książka.

Dodajemy wino, aby zredukować ser. Ciągle mieszając, dodać śmietanę i gotować na małym ogniu przez 10 minut. Dodaj tył i smaż przez kolejne 3 minuty.

Makaron ugotować w dużej ilości osolonego wrzątku. Odcedź, ale nie odświeżaj. Dodaj makaron do sosu i mieszaj przez 1 minutę.

SZTUCZKA

Makaron najlepiej ugotować na ostatnią chwilę, gdyż dzięki temu sosy lepiej się trzymają.

GÓRA STEWARTA

SKŁADNIKI

200 g białej fasoli

200 g żeberek wieprzowych

150 g świeżego boczku

100 g świeżej chorizo

1 łyżka papryki

2 ziemniaki

1 świńskie uszy

1 staw

1 nóżka wieprzowa

1 kaszanka

1 rzepa

1 zielone warzywo

Sól

ROZWÓJ

Zostaw fasolę do namoczenia na 12 godzin.

Gotuj całe mięso i paprykę razem z fasolą na małym ogniu w zimnej wodzie przez 3 godziny lub do miękkości. Wyjmij mięso, bo jest miękkie.

Gdy fasola będzie już prawie ugotowana, dodaj rzepę i ziemniaki pokrojone na średnie kawałki i gotuj przez 10 minut.

Kapustę julienne ugotuj osobno, aż będzie miękka. Dodaj do gulaszu i gotuj przez kolejne 5 minut. Dostosuj sól.

SZTUCZKA

Mięso sieka się i podaje na talerz, a gulasz podaje się na patelni.

www.ingramcontent.com/pod-product-compliance
Lightning Source LLC
Chambersburg PA
CBHW071822110526
44591CB00011B/1178